PROBUĎ SE, IZRAELI!

"Slunce se zastře tmou
a měsíc krví,
dříve než přijde
den HOSPODINŮV,
veliký a hrozný.
Avšak každý, kdo vzývá Hospodinovo jméno,
se zachrání.
Na hoře Siónu a v Jeruzalémě
budou ti, kdo vyvázli,
jak řekl Hospodin,
spolu s těmi, kdo přežili, jež Hospodin povolá."

(Jóel 3:4-5)

PROBUĎ SE, IZRAEL!

Dr. Jaerock Lee

URIM BOOKS

PROBUĎ SE, IZRAELI!: Dr. Jaerock Lee

Vydavatelství Urim Books (Zástupce: Seongkeon Vin)
361-66, Shindaebang Dong, Dongjak Gu, Soul, Korea
www.urimbooks.com

Copyright © 2013 Dr. Jaerock Lee
ISBN: 978-89-7557-716-1
Copyright překladu © 2008 Dr. Esther K. Chung. Použito s povolením.

Předtím vydáno v Koreji vydavatelstvím Urim Books, Soul, Korea, 2007

První vydání Dubna 2013

Úpravy: Dr. Geumsun Vin
Vnější úprava: Vydavatelství Urim Books
Tisk: Tiskařství Yewon
Více informací získáte na urimbook@hotmail.com

Předmluva

Na úsvitu 20. století se v neúrodné palestinské zemi, ve které v té době nikdo netoužil žít, odehrál pozoruhodný sled událostí. Židé, kteří byli rozptýleni po celé východní Evropě, Rusku a zbytku zeměkoule, se začali shromažďovat v zemi oplývající bodláky, chudobou, strádáním, nemocemi a soužením.

Navzdory vysoké úmrtnosti v důsledku malárie a hladovění Židé neselhali a neztratili svou velikou víru a ambice, ale začali stavět kibuce (místa v Izraeli, kde se pracuje, například farma nebo továrna, kde žijí pracovníci spolu a dělí se o všechny povinnosti a příjmy). Zrovna jako tvrdil Theodor Herzl, zakladatel moderního sionismu: "Jestliže to chcete, není to jen sen," obnova Izraele se stala skutečností.

Je třeba přiznat, že obnova Izraele byla považována za nesplnitelný sen, který se nedá uskutečnit a nikdo nebyl ochoten mu věřit. Židé si však tento sen splnili a se zrozením izraelského státu zázračným způsobem poprvé za přibližně 1900 let znovu obnovili svůj vlastní národ.

Izraelský lid se navzdory po mnohá staletí trvajícímu pronásledování a soužení, zatímco byl rozptýlen v cizích zemích, pevně držel své víry, kultury a jazyka a neustále se zdokonaloval. Po založení moderního izraelského státu Izraelité zúrodňovali neúrodnou půdu a vynakládali stále více důrazu na rozvoj rozmanitých průmyslových odvětví, což jejich národu umožnilo přidat se ke skupině rozvinutých zemí. Izraelité jsou pozoruhodní lidé, kteří statečně odolávali a vedli si dobře i vprostřed neustálých výzev a hrozeb svému velmi odolnému národu.

Po založení církve Manmin Central Church v roce 1982 mi Bůh ve vytržení Ducha svatého zjevil svůj velký záměr s Izraelem, protože nezávislost Izraele je znamením posledních dnů a naplněním proroctví v Bibli.

Slyšte, pronárody, Hospodinovo slovo, na vzdálených ostrovech oznamte toto: "Ten, který rozmetal Izraele, shromáždí jej, bude jej střežit jako pastýř své stádo" (Jeremiáš 31:10).

Bůh si vyvolil izraelský lid, aby zjevil svou prozíravost, se kterou stvořil a tříbí člověka. V první řadě Bůh udělal z Abrahama "otce víry" a ustanovil Jákoba, Abrahamova vnuka, zakladatelem Izraele. Bůh také prohlašuje svou vůli Jákobovým potomkům a uskutečňuje prozíravost tříbení lidstva.

Když Izrael věřil Božímu slovu a poslušně chodil podle Boží vůle, těšil se veliké slávě a poctám vynikajícím nade všemi ostatními národy. Když se však od Boha vzdálil a neposlouchal ho, stal se Izrael předmětem různého soužení zahrnujícího zahraniční invaze a jeho lid byl nucen žít ve všech koutech země jako tuláci.

Nicméně, i když Izrael čelil těžkostem kvůli svým hříchům, Bůh tento svůj lid nikdy neopustil ani na něj nezapomněl. Izrael byl skrze Boží smlouvu s Abrahamem vždycky svázán s Bohem a Bůh pro něj nikdy nepřestal konat své skutky.

Pod mimořádnou Boží péčí a vedením byl Izrael jako lid vždy ochraňován, dosáhl nezávislosti a znovu se stal národem vynikajícím nad všemi národy. Jak mohl být izraelský lid ochráněn a proč byl Izrael obnoven?

Mnozí lidé říkají: "Přežití židovského národa je zázrak." Zatímco velikost a druhy pronásledování a útlaku, které židovský lid snášel během diaspory, překračují jakékoliv naše představy, historie samotného Izraele potvrzuje pravdivost Bible. Avšak po druhém příchodu Ježíše Krista dosáhnou úzkost a muka mnohem většího rozsahu než byl ten, kterému čelili Židé. Samozřejmě, že lidé, kteří přijali Ježíše jako svého Spasitele, budou vzati vzhůru do oblak a budou se účastnit svatební hostiny spolu s Pánem. Avšak ti, kdo Ježíše jako svého Spasitele nepřijali, nebudou v době jeho návratu vzati vzhůru do oblak, ale budou trpět velikým soužením po dobu sedmi let.

Hle, přichází ten den hořící jako pec; a všichni opovážlivci i všichni, kdo páchají svévolnosti, se stanou strništěm. A ten přicházející den je sežehne, praví Hospodin zástupů; nezůstane po nich kořen ani větev (Malachiáš 3:19).

Bůh mi již dopodrobna zjevil pohromy, které se mají během sedmiletého velikého soužení přihodit. Z tohoto důvodu je mou nejvroucnější touhou, aby Bohem vyvolený izraelský lid bez dalšího odkladu přijal Ježíše, který chodil po zemi asi před dvěma tisíci lety, jako svého Spasitele, aby ani jeden z nich nezůstal zanechán na zemi a nemusel zde trpět v době velikého soužení.

Toto dílo dávající odpovědi na tisíce let trvající žízeň Židů po Mesiáši a na věky trvající otázky, které se až do dnešní doby neustále pokládají, jsem napsal z Boží milosti.

Kéž si každý čtenář této knihy vezme zoufalé Boží poselství lásky k srdci a setká se bez dalšího odkladu s Mesiášem, kterého Bůh seslal pro celé lidstvo!

Každého z vás miluji z celého svého srdce.

Listopad 2007
Z modlitebny v Getsemane

Jaerock Lee

Úvod

Vzdávám všechny své díky a slávu Bohu za to, že nás v posledních dnech vedl a požehnal nám vydání knihy *Probuď se, Izraeli!*. Toto dílo se vydává v souladu s vůlí Boha, který usiluje o probuzení a spasení Izraele a je sestaveno díky nezměrné lásce Boha, který si vroucně přeje neztratit ani tu poslední duši.

Kapitola 1, "Izrael: Boží volba," zkoumá důvody Božího stvoření a tříbení celého lidstva na zemi a také důvody Boží prozíravosti, se kterou si vyvolil a vládne izraelskému lidu v historii lidstva jako svým vyvoleným. Kapitola rovněž představuje velké praotce Izraele stejně jako našeho Pána, který přišel na tento svět podle proroctví, které předpovědělo příchod Spasitele všech lidí z domu Davidova.

Přezkoumáním biblických proroctví o Mesiáši kapitola 2, "Mesiáš seslaný Bohem," dosvědčuje, že Ježíš je Mesiášem, jehož příchod Izrael stále dychtivě očekává a také to, jak Ježíš podle práva vykoupení země splňuje všechny předpoklady Spasitele lidstva. Kromě toho druhá kapitola zkoumá, jak Ježíš naplnil proroctví o Mesiáši ze Starého zákona a dále vztah mezi historií Izraele a smrtí Ježíše.

Třetí kapitola, "Bůh, ve kterého Izrael věří," přibližuje pohled na izraelský lid, který přísně zachovává zákon a své tradice a vysvětluje jim, co se Bohu líbí. Mimoto, že jim připomíná, že se sami vzdálili Boží vůli kvůli tradici otců, kterou vytvořili, je kapitola vyzývá k tomu, aby pochopili skutečnou vůli Boha, který jim dal zákon na prvním místě a chce, aby jej naplnili láskou.

Poslední kapitola, "Dívej se a poslouchej!," se zabývá naší dobou, o které Bible mluví jako o "konci věků," stejně jako brzkým objevením se antikrista a přehledem sedmi let velikého soužení. Nadto, že vypovídá o dvou Božích tajemstvích, která byla připravena z Boží nesmírné lásky k jeho vyvoleným, aby izraelský lid mohl dosáhnout spasení v posledních momentech tříbení lidstva, poslední kapitola rovněž zapřísahá izraelský lid, aby nepromarnil poslední příležitost ke spasení.

Když se první člověk Adam dopustil hříchu neposlušnosti a byl vyhnán ze zahrady Eden, Bůh ho nechal žít v izraelské zemi. Od té doby, v průběhu historie tříbení lidstva, Bůh čekal po tisíciletí a stále čeká i dnes v naději, že získá skutečné děti.

Není čas otálet ani ho marnit. Kéž si každý z vás uvědomí, že naše doba zahrnuje opravdu poslední dny a připraví se přijmout našeho Pána, který se vrátí jako Král králů a Pán pánů. Takto se modlím v jeho jménu.

Listopad 2007

Geum-sun Vin, Ředitelka vydavatelství

Obsah

"Davidova hvězda" na vlajce Izraele jako symbol židovské společnosti

Kapitola 1

Izrael: Boží volba

Začátek tříbení lidstva

Mojžíš, velký izraelský vůdce, který osvobodil svůj lid z otroctví v Egyptě, vedl jej do zaslíbené kenaanské země a sloužil jako Boží prostředník, započal Boží slovo v knize Genesis následovně:

Na počátku stvořil Bůh nebe a zemi (1:1).

Bůh stvořil nebe a zemi a všechno na nich za šest dnů a potom odpočíval. Sedmý den Bůh požehnal a posvětil. Proč tedy Bůh Stvořitel vesmír a všechno v něm stvořil? Proč stvořil člověka a nechal na zemi žít bezpočet lidí počínaje Adamem?

Bůh hledal ty, se kterými by mohl věčně sdílet lásku

Před stvořením nebe a země existoval všemohoucí Bůh v nekonečném vesmíru jako světlo, do kterého byl vložen zvuk. Po dlouhé době samoty Bůh zatoužil po někom, s kým by mohl věčně sdílet svou lásku.

Bůh má nejen božskou podstatu, která ho definuje jako Stvořitele, ale také lidskou podstatu, díky které cítí radost, hněv, smutek a potěšení. A tak zatoužil po tom dávat lásku a přijímat ji

Izrael: Boží volba

od druhých. V Bibli se nachází mnoho zmínek, které ukazují na to, že Bůh má lidskou podstatu. Potěšily ho spravedlivé skutky Izraelitů, které se mu líbily (Deuteronomium 10:15; Přísloví 16:7), ale cítil žal a hněval se na ně, když hřešili (Exodus 32:10; Numeri 11:1, 32:13).

Jsou chvíle, kdy každý jedinec touží být sám, ale každý má mnohem větší radost a cítí se mnohem šťastnější, když má přítele, se kterým může sdílet své srdce. Protože Bůh má lidskou podstatu, zatoužil po někom, komu by mohl dávat svou lásku, jehož srdce by mohl pochopit a obráceně.

'Nebylo by radostné a dojemné mít děti, které by mohly pochopit mé srdce a kterým bych mohl lásku dávat a také ji od nich přijímat v tomto rozlehlém avšak hlubokém světě?'

V době své volby proto Bůh vymyslel plán, jak získat skutečné děti, které by se mu podobaly. Nakonec Bůh stvořil nejenom duchovní svět, ale také fyzický svět, ve kterém mělo žít lidstvo.

Někdo může uvažovat takto: 'V nebi existuje mnoho nebeských zástupů a andělů, kteří nejsou nic než poslušní. Proč by si Bůh dělal zbytečné problémy, aby stvořil člověka?' Kromě několika andělů však většina nebeských bytostí nemá lidskou podstatu, která je ze všech prvků požadovaných pro dávání a přijímání lásky nejdůležitější: svobodnou vůli, díky které činí sami svá rozhodnutí. Takové nebeské bytosti jsou jako roboti; poslechnou, co se jim nařídí bez toho, aby cítily radost, hněv,

PROBUĎ SE, IZRAELI!

smutek nebo potěšení, nejsou schopny dávat a přijímat lásku pocházející z hloubi jejich srdce.

Dejme tomu, že máme dvě děti a jedno z nich, aniž by kdy vyjádřilo své emoce, názory nebo lásku, je poslušné a dobře vykoná všechno, co se mu řekne. Druhé dítě, třebaže ze své svobodné vůle čas od času zklame své rodiče, je rychlé k tomu, aby činilo pokání ze svých provinění, přilnulo ke svým rodičům láskou a vyjadřuje své srdce různými způsoby.

Kterému z těchto dvou dětí byste dali přednost? Pravděpodobně byste si vybrali to druhé. I kdybyste měli robota, který by za vás udělal všechny práce, nikdo z vás by nedal přednost tomuto robotovi před vlastními dětmi. Ze stejného důvodu dal Bůh přednost člověku s jeho intelektem a emocemi, který ho rád poslechne, před nebeskými zástupy a anděly podobnými robotům.

Boží prozřetelnost pro získání skutečných dětí

Po stvoření prvního člověka Adama Bůh pokračoval stvořením zahrady Eden a nechal člověka, aby nad ní vládnul. V zahradě Eden bylo všeho hojnost a Adam vládnul nade všemi věcmi svou svobodnou vůlí a mocí, které mu Bůh dal. Byla zde však jedna věc, kterou mu Bůh zakázal.

A Hospodin Bůh člověku přikázal: "Z každého stromu zahrady smíš jíst. Ze stromu poznání dobrého a zlého však nejez. V den, kdy bys z něho pojedl, propadneš smrti" (Genesis 2:16-17).

Toto byl systém, který Bůh nastolil mezi sebou Bohem Stvořitelem a stvořeným lidstvem a chtěl, aby ho Adam poslechl ze své svobodné vůle a z hloubi svého srdce. Potom, co uplynul dlouhý čas, však Adam selhal, nepamatoval na to, co mu Bůh řekl a dopustil se hříchu neposlušnosti tím, že pojedl ze stromu poznání dobrého a zlého.

V Genesis 3 se nachází scéna, ve které se had, který byl naveden satanem, zeptal Evy: *"Jakže, Bůh vám zakázal jíst ze všech stromů v zahradě?"* (v.1). Eva odpověděla: *"Bůh řekl: 'Nejezte z něho [ze stromu, který je uprostřed zahrady], ani se ho nedotkněte, abyste nezemřeli.'"* (v.2).

Bůh řekl člověku jasně: "V den, kdy bys z něho pojedl, propadneš smrti," ale Eva pozměnila Boží příkaz a řekla: "Abyste nezemřeli."

Potom, co si had uvědomil, že si Eva nevzala Boží příkaz k srdci, se had stal se svým pokušením útočnější. "Nikoli, nepropadnete smrti!" ujišťoval Evu. A dodal: *"Bůh však ví, že v den, kdy z něho pojíte, otevřou se vám oči a budete jako Bůh znát dobré i zlé"* (v.5).

Když satan otrávil ženinu mysl a vdechl do ní nenasytnost, začal strom poznání dobrého a zlého vypadat v jejích očích jinak. Vypadal jako strom s plody dobrými k jídlu, lákavý pro oči, strom slibující vševědoucnost. Eva tedy pojedla z jeho plodů a dala také svému muži, který byl s ní, a on též jedl.

Takto se Adam a Eva dopustili hříchu neposlušnosti Božího slova a samozřejmě dopadli tak, že čelili smrti (Genesis 2:17).

"Smrt" se zde nevztahuje na tělesnou smrt, kdy ustane dýchání v lidském těle, ale na duchovní smrt. Potom, co pojedl ze stromu poznání dobrého a zlého, zplodil Adam děti a zemřel ve věku 930 let (Genesis 5:2-5). Z tohoto samotného je patrné, že "smrt" se zde nevztahuje na fyzickou smrt.

Člověk byl původně stvořen jako spojení ducha, duše a těla. Měl ducha, díky kterému mohl komunikovat s Bohem; duši, která podléhala vládě ducha; a tělo, které sloužilo jako úkryt pro ducha i duši. Kvůli neuposlechnutí Božího příkazu a spáchání hříchu duch zemřel a jeho komunikace s Bohem byla přerušena, a to je "smrt," o které mluvil Bůh v Genesis 2:17.

Potom, co se dopustili hříchu, byli Adam a Eva vyhnáni z překrásné zahrady Eden plné hojnosti. A tak začalo soužení celého lidstva. Co se týče ženy, byly rozmnoženy trápení i bolesti jejího těhotenství, žena měla nyní dychtit po svém muži, ale on nad ní měl vládnout, zatímco muž měl jíst z prokleté země v potu své tváře po všechny dny svého života (Genesis 3:16-17).

Ohledně toho nám Genesis 3:23 říká: *"Proto jej Hospodin Bůh vyhnal ze zahrady v Edenu, aby obdělával zemi, z níž byl vzat."* Spojení "obdělávat zemi" neznamená pouze to, že bude muž v potu své tváře jíst ze země, ale také skutečnost, že – učiněn z prachu země – má v průběhu svého života na zemi rovněž "tříbit své srdce."

Tříbení lidstva začíná Adamovým hříchem

Adam byl stvořen jako živý tvor a ve svém srdci neměl žádné zlo, takže nemusel tříbit své srdce. Potom, co zhřešil, bylo však Adamovo srdce pošpiněno nepravdou, a tak potřeboval tříbit své srdce, aby ho měl čisté tak jako před tím, než zhřešil.

Proto musel Adam tříbit své srdce, které bylo poskvrněno nepravdami a hříchy, aby z něj učinil čisté srdce a mohl potom, co zhřešil, začít znovu jako skutečné Boží dítě. Když Bible říká: "Proto jej Hospodin Bůh vyhnal ze zahrady v Edenu, aby obdělával zemi, z níž byl vzat," znamená to a týká se to "Božího tříbení lidstva."

Obecně se "obdělávání" vztahuje na postup, kterým farmář zasévá semínka, stará se o svou úrodu a sklízí ovoce. Za účelem "tříbení" lidstva na zemi a získání dobrého ovoce, které znamená "skutečné Boží děti," Bůh zasadil první semínka, Adama a Evu. Skrze Adama a Evu, kteří neuposlechli Boha, se narodila spousta dětí a skrze Boží tříbení lidstva se spousta lidí narodila znovu jako Boží děti tak, že tříbili svá srdce a znovunabyli ztraceného Božího obrazu.

A tak se "Boží tříbení lidstva" vztahuje na celý proces, ve kterém má Bůh na starosti dějiny lidstva od stvoření lidstva po veliký soud a vládne nad nimi, aby získal své skutečné děti.

Stejně jako farmář překonává povodně, sucha, mrazy, krupobití a škodlivou havěť potom, co nejprve zaseje semínka, ale nakonec sklízí krásné a lahodné ovoce, Bůh řídí všechno, aby získal skutečné děti, které vzejdou potom, co podstoupí smrt, nemoci, rozchody a jiné druhy utrpení během svého života na tomto světě.

Důvod, proč Bůh do zahrady Eden umístil strom poznání dobrého a zlého

Někteří lidé se ptají: "Proč Bůh do zahrady Eden umístil strom poznání dobrého a zlého, skrze něhož člověk zhřešil a byl uveden do záhuby?" Důvodem, proč Bůh umístil do zahrady strom poznání dobrého a zlého, je však úžasná Boží prozíravost, díky které mohl Bůh dovést člověka k tomu, aby si uvědomil 'relativitu.'

Většina lidí se domnívá, že Adam a Eva nemohli být v zahradě Eden nic než šťastní, protože zde nebylo nářku, zármutku, nemocí ani soužení. Ale Adam a Eva nepoznali opravdové štěstí a lásku, protože v zahradě Eden neměli ani potuchy o relativitě.

Například, jak budou reagovat na darování stejné hračky dvě děti, jestliže se jedno dítě narodilo a vyrostlo v bohaté rodině a druhé v rodině, kde byla nouze? Druhé dítě bude mnohem vděčnější a bude se mnohem více radovat z hloubi svého srdce než dítě s bohatým zázemím.

Abyste chápali skutečnou hodnotu čehokoliv, musíte poznat a zažít úplný opak. Jedině, když jste trpěli nemocí, budete schopni ocenit skutečnou hodnotu dobrého zdraví. Pouze, když si uvědomíte smrt a peklo, budete moci ocenit hodnotu věčného života a děkovat Bohu z celého svého srdce za to, že vám dal věčné nebe.

V zahradě Eden plné hojnosti se první člověk Adam těšil ze všeho, co mu Bůh dal, i z moci vládnout nad každým dalším stvořením. Nicméně, protože to nebylo ovocem jeho dřiny a potu, Adam nedokázal plně porozumět důležitosti této věci ani si za to Boha vážit. Až poté, co byl Adam vyhnán na tento svět a zakusil nářek, žal, nemoci, soužení, neštěstí a smrt, uvědomil si rozdíl mezi radostí a zármutkem a to, jak cennou svobodu a blahobyt mu Bůh v zahradě Eden dal.

Co by pro nás znamenal věčný život, kdybychom nepoznali radost a žal? Třebaže na malou chvíli čelíme těžkostem, jestliže si můžeme později uvědomit a říct: "Tohle je radost!", naše životy se stanou o to hodnotnější a požehnanější.

Existují rodiče, kteří by neposlali své děti do školy, ale raději je měli doma jednoduše proto, že vědí, že studium je obtížné? Pokud rodiče opravdu milují své děti, pošlou je do školy a povedou je k tomu, aby pilně studovaly obtížné předměty a zakusily nejrůznější věci, aby postavili základ pro jejich lepší budoucnost.

Srdce Boha, který stvořil lidstvo a tříbí ho, je úplně stejné. Ze stejného důvodu Bůh umístil do zahrady Eden strom poznání dobrého a zlého, nezabránil Adamovi, aby jedl ze stromu ze své svobodné vůle a nechal ho v průběhu tříbení lidstva zakoušet radost, hněv, žal a štěstí. To proto, že člověk může milovat a uctívat Boha, který je samotná láska a pravda, z hloubi svého srdce až potom, co zakusí relativitu a pochopí skutečnou lásku, radost a vděčnost.

Skrze proces tříbení lidstva chce Bůh získat skutečné děti, které by poznaly Boží srdce a podobaly se Bohu a žít s nimi v nebi, kde by s nimi navěky sdílel věčnou a opravdovou lásku.

Tříbení lidstva začíná v Izraeli

Když byl první člověk Adam vyhnán ze zahrady Eden potom, co neuposlechl Boha, nebylo mu dáno právo vybrat si zemi, kde by se usadil, ale namísto toho mu Bůh sám vyhradil jeho prostor. Tímto prostorem byl Izrael.

V tom byla zakotvena Boží vůle a prozíravost. Potom, co se Bůh zaobíral velkým plánem tříbení lidstva, vyvolil si jako model tříbení lidstva izraelský lid. Z tohoto důvodu nechal Bůh konkrétně Adama žít nový život v zemi, kde měl být vybudován izraelský národ.

Jak plynul čas, vzešlo z Adamových potomků bezpočet národů a v době Jákoba, Abrahamova potomka, byl vybudován izraelský národ. Skrze dějiny Izraele Bůh toužil zjevit svou slávu a prozíravost v tříbení lidstva. Nebylo to určeno pouze Izraelitům, ale lidem po celém světě. Proto nejsou dějiny Izraele, nad kterými si vzal zodpovědnost sám Bůh, pouze dějinami národa, ale jde o Boží poselství pro celé lidstvo.

Proč si tedy Bůh vyvolil jako model tříbení lidstva Izrael? Kvůli vznešenější povaze Izraelitů, jinými slovy, jejich znamenité vnitřní bytosti.

Izrael je potomkem 'otce víry' Abrahama, který se Bohu velmi líbil a také potomkem Jákoba, který byl tak neústupný, že s Bohem zápasil a dokonce při tom uspěl. To je důvod, proč i potom, co ztratil izraelský lid svou vlast a žil po staletí život tuláků, neztratil svou identitu.

Především ale izraelský lid po tisíce let zachovával Boží slovo, které bylo prorokováno skrze Boží muže a žil podle něj. Samozřejmě, že byly časy, kdy se celý národ sám vzdálil od Božího slova a hřešil proti Bohu, ale nakonec Boží lid činil pokání a navrátil se k Bohu. Nikdy neztratil svou víru ve svého Boha HOSPODINA.

Obnovení nezávislého Izraele ve 20. století jasně ukazuje na srdce, které jeho lid coby Jákobovi potomci má.

Ezechiel 38:8 nám říká: *"Před mnohými dny jsi byl určen k tomu, abys na sklonku let vtáhl do země, která se zatím zotaví po meči. Její lid, shromážděný z mnohých národů na hory izraelské, které ustavičně zůstávaly pusté, bude vyveden z národů a všichni budou bezpečně bydlet."* "Na sklonku let" se vztahuje na konec věků, kdy se bude tříbení lidstva schylovat ke svému konci a "hory izraelské" znamenají město Jeruzalém, položené téměř 760 m (2494 stop) nad hladinou moře.

Proto, když prorok Ezechiel říkal, že "lid [bude] shromážděný z mnohých národů na hory izraelské," znamenalo to, že Izraelci se shromáždí z celého světa a obnoví stát Izrael.

Podle těchto slov Izrael, který byl zničen Římany v roce 70 po Kristu, vyhlásil svou státnost 14. května 1948. Hory izraelské nebyly nic než, že "ustavičně zůstávaly pusté," ale k dnešnímu dni Izraelité vybudovali silný národ, který nemohou ostatní snadno přehlédnout nebo jej zpochybnit.

Proč bylo Božím záměrem vyvolit si Izraelity

Proč začal Bůh tříbení lidstva v izraelské zemi? Proč si Bůh vyvolil izraelský lid a vládne nad izraelskými dějinami?

Za prvé, Bůh chtěl skrze dějiny Izraele vyhlásit všem národům, že on je Stvořitel nebe a země, že on sám je pravý Bůh a že on je živý Bůh. Při studiu izraelských dějin mohou dokonce i pohané snadno pocítit Boží přítomnost a pochopit Boží prozíravost vládnout nad historií lidstva.

Všechny národy země budou vidět, že se nazýváš Hospodinovým jménem, a budou se tě bát (Deuteronomium 28:10).

Blaze tobě, Izraeli! Kdo je ti roven, lide vysvobozený Hospodinem? On je štítem tvé pomoci a mečem tvé velebnosti. Před tebou selže síla tvých nepřátel, pošlapeš jejich posvátná návrší! (Deuteronomium 33:29).

Izrael: Boží volba

Z izraelských dějin můžeme snadno pochopit, že se Izrael, Boží volba, těší velikému privilegiu.

Například, když Rachab přijala dva muže, které poslal Jozue do kenaanské země, řekla jim: *"Vím, že Hospodin dal zemi vám. Padla na nás hrůza před vámi a všichni obyvatelé země propadli před vámi zmatku. Slyšeli jsme, jak Hospodin před vámi vysušil vody Rákosového moře, když jste vycházeli z Egypta, a jak jste v Zajordání naložili se dvěma emorejskými králi, se Síchonem a Ógem, které jste zahubili jako klaté. Jakmile jsme to uslyšeli, ztratili jsme odvahu a pozbyli jsme ducha, poněvadž Hospodin, váš Bůh, je Bohem nahoře na nebi i dole na zemi"* (Jozue 2:9-11).

Během babylonského zajetí Izraelitů chodil Daniel s Bohem a babylonský král Nebúkadnesar takto mohl poznat Boha, se kterým Daniel chodil. Potom, co král zakusil Boží moc, mohl pouze vyznat: *"Chválím, vyvyšuji a velebím Krále nebes. Všechno jeho dílo je pravda, jeho cesty právo. Ty, kteří si vedou pyšně, má moc ponížit"* (Daniel 4:37).

Stejná věc se přihodila, když byl Izrael pod perskou nadvládou. Potom, co zažili působení živého Boha a stali se svědky jeho odpovědi na modlitby královny Ester, nastalo toto: *"A mnozí z národů země se připojovali k židům, neboť na ně padl strach ze židů"* (Ester 8:17).

A tak, když i pohané zakusili moc živého Boha, který konal skutky pro Izraelity, začali se Boha bát a uctívat jej. A dokonce i příští generace, které přišly, znaly Boží majestát a uctívaly Boha kvůli takovýmto událostem a příkladům.

Za druhé, Bůh si vyvolil Izrael a vedl svůj lid, protože chtěl, aby si celé lidstvo skrze izraelské dějiny uvědomilo, že on stvořil člověka a tříbí ho.

Bůh tříbí lidstvo, protože usiluje o to získat skutečné děti. Skutečné Boží dítě je takové, které se podobá Bohu, jehož podstatou je dobrota a láska a který je spravedlivý a svatý. Je to proto, že takové Boží děti ho milují a žijí podle jeho vůle.

Když Izrael žil podle Božích přikázání a sloužil Bohu, vyvýšil Bůh Izraelity nad všechny ostatní lidi a národy. Naopak, když izraelský lid sloužil modlám a byl rychlý k tomu, aby opustil Boží přikázání, byl předmětem různých druhů soužení a takových pohrom jako jsou války, přírodní katastrofy nebo dokonce zajetí.

Skrze každý krok tohoto procesu se Izraelité učili pokořit se před Bohem a pokaždé, když se sami pokořili, Bůh je svým neutuchajícím milosrdenstvím a láskou obnovil a přivedl je do náruče své milosti.

Když král Šalomoun miloval Boha a dodržoval jeho přikázání, těšil se veliké slávě a lesku, ale když se začal od Boha vzdalovat a sloužit modlám, sláva a lesk, kterým se těšil, zmizely. Když izraelští králové jako David, Jóšafat a Chizkijáš chodili v souladu s Božím zákonem, země byla mocná a vzkvétala, ale během vlády králů, kteří se vyhýbali Božím cestám, byla slabá a stala se předmětem zahraničních invazí.

Historie Izraele tímto způsobem zřetelně zjevuje Boží vůli a slouží jako zrcadlo, které odráží Boží vůli pro všechny lidi a národy. Jeho vůle prohlašuje, že když lidé stvoření k Božímu obrazu a podobě dodržují Boží přikázání a stanou se posvěcenými podle jeho Slova, dostane se jim Božího požehnání a budou žít v Boží přízni.

Izrael byl vyvolen k tomu, aby zjevil Boží prozíravost mezi všemi národy a lidmi a obdržel obrovské požehnání skrze to, že Bohu slouží jako duchovní národ, kterému bylo svěřeno Boží slovo. I když izraelský lid zhřešil, Bůh mu jeho hříchy odpustil a obnovil ho, pokud činil s pokorným srdcem pokání, zrovna jako to slíbil jeho velkým praotcům.

Největším požehnáním, které Bůh zaslíbil a odložil pro své vyvolené, bylo především úžasné zaslíbení slávy, kterou mezi ně měl přinést Mesiáš.

Velcí praotcové

Napříč dlouhou historií lidstva Bůh chránil Izrael pod svými křídly a v určený čas posílal Boží muže, aby jméno Izrael nemohlo vymizet. Boží muži byli těmi, kdo vzešli jako pravé ovoce v souladu s Boží prozíravostí tříbení lidstva a s láskou k Bohu dodržovali Boží slovo. Prostřednictvím těchto velkých praotců Izraele Bůh položil základy izraelského národa.

Abraham, otec víry

Abraham byl díky své víře a poslušnosti označen jako otec víry a měl se z něho zrodit veliký národ. Narodil se před nějakými čtyřmi tisíci lety v Kaldejském Uru a potom, co byl povolán Bohem, získal Boží lásku a uznání do té míry, že byl nazván Božím "přítelem."

Bůh povolal Abrahama a dal mu následující zaslíbení:

Odejdi ze své země, ze svého rodiště a z domu svého otce do země, kterou ti ukážu. Učiním tě velkým národem, požehnám tě, velké učiním tvé jméno. Staň se požehnáním! (Genesis 12:1-2).

V té době již Abraham nebyl mladým mužem, neměl dědice a neměl ani tušení, kam má jít; proto nebylo jednoduché toto volání poslechnout. Třebaže nevěděl, kam má směřovat, odešel Abraham ze svého rodiště, protože věřil pouze a zcela ve slovo Boha, který nikdy neporušuje svá zaslíbení. A tak Abraham kráčel ve víře ve všem, co dělal a během svého života obdržel všechna zaslíbení, která mu Bůh dal.

Abraham neprokazoval Bohu pouze dokonalou poslušnost a skutky víry, ale vždy konal dobro a staral se o to, aby žil s lidmi okolo sebe v pokoji.

Například, když Abraham opustil na Boží příkaz Cháran, jeho synovec Lot šel s ním. Když se jejich majetek velmi rozhojnil, Abraham a Lot nemohli déle zůstávat ve stejné zemi. Nedostatek pastvin a vody vedl k "rozepři mezi pastýři stáda Abramova a pastýři stáda Lotova" (Genesis 13:7). I když byl Abraham mnohem starší, nehledal ani neusiloval o svůj prospěch. Nechal svého synovce Lota, aby si vybral lepší zemi. V Genesis 13:9 řekl Lotovi: *"Zdalipak není před tebou celá země? Odděl se prosím ode mne. Dáš-li se nalevo, já se dám napravo. Dáš-li se ty napravo, já se dám nalevo."*

A protože byl Abraham člověk čistého srdce, z ničeho, co patřilo druhým, nevzal nitku ani řemínek k opánkům (Genesis 14:23). Když mu Bůh sdělil, že města Sodoma a Gomora prosáknutá hříchem budou zničena, Abraham, člověk plný duchovní lásky, úpěnlivě prosil Boha a dostal jeho slovo, že Sodomu nezničí, pokud v ní nalezne deset spravedlivých.

Dobrota a víra Abrahama byly dokonalé do té míry, že uposlechl Boží příkaz, který nyní volal po tom, aby obětoval svého jediného syna jako zápalnou oběť.

V Genesis 22:2 nařídil Bůh Abrahamovi: *"Vezmi svého jediného syna Izáka, kterého miluješ, odejdi do země Mórija a tam ho obětuj jako oběť zápalnou na jedné hoře, o níž ti povím!"*

Izák byl syn, který se Abrahamovi narodil, když měl sto let. Předtím, než se Izák narodil, Bůh již Abrahamovi řekl, že ten, který vzejde z jeho lůna, bude jeho dědicem a že množství jeho potomků se bude rovnat počtu hvězd na nebi. Kdyby Abraham následoval tělesné myšlenky, nebyl by býval schopen vyhovět Božímu příkazu a obětovat Izáka. Avšak Abraham neprodleně uposlechl, aniž by se ptal po důvodech.

Ve chvíli, kdy vztáhl Abraham ruku po obětním noži, aby svého syna zabil potom, co vybudoval oltář, zavolal na něj Hospodinův posel a řekl: *"Abrahame, Abrahame! Nevztahuj na chlapce ruku, nic mu nedělej! Právě teď jsem poznal, že jsi bohabojný, neboť jsi mi neodepřel svého jediného syna"* (Genesis 22:11-12). Jak úžasná a dojemná je tahle scéna?

Protože nikdy nespoléhal na své tělesné myšlení, nebyly v Abrahamově srdci žádné rozpory ani úzkosti a on mohl s vírou pouze uposlechnout Boží příkaz. Vložil všechnu svou důvěru ve věrného Boha, který s jistotou plní všechno, co slíbil, všemohoucího Boha, který oživuje mrtvé a Boha lásky, který touží po tom, aby mohl svým dětem dávat pouze dobré věci. Protože bylo Abrahamovo srdce bezvýhradně poslušné a prokázalo skutek víry, Bůh přijal Abrahama jako otce víry.

Přisáhl jsem při sobě, je výrok Hospodinův, protože jsi to učinil a neodepřel jsi mi svého jediného syna, jistotně ti požehnám a tvé potomstvo jistotně rozmnožím jako nebeské hvězdy a jako písek na mořském břehu. Tvé potomstvo obdrží bránu svých nepřátel a ve tvém potomstvu dojdou požehnání všechny pronárody země, protože jsi uposlechl mého hlasu (Genesis 22:16-18).

Protože měl Abraham takovýto druh a velikost dobroty a víry, které se líbily Bohu, byl nazván "přítelem" Božím a považován za otce víry. Stal se rovněž otcem všech národů a zdrojem veškerého požehnání, zrovna jako mu Bůh zaslíbil, když ho poprvé povolal: *"Požehnám těm, kdo žehnají tobě, prokleji ty, kdo ti zlořečí. V tobě dojdou požehnání veškeré čeledi země"* (Genesis 12:3).

Boží prozíravost skrze Jákoba, otce Izraele, a Josefa, vykladače snů

Abrahamovi, otci víry, se narodil Izák a Izákovi se narodili dva synové, Ezau a Jákob. Bůh si vyvolil Jákoba, jehož srdce bylo vznešenější než srdce jeho bratra, když byl Jákob ještě v matčině lůně. Jákob se bude později jmenovat "Izrael" a stane se původcem izraelského národa a otcem dvanácti kmenů.

Jákob dychtivě toužil po Božím požehnání a po duchovních věcech až do té míry, že získal prvorozenství svého staršího bratra

Ezaua za chléb a čočkovou krmi a ukradl svému bratrovi Ezauovi požehnání tak, že oklamal svého otce Izáka. Jákob měl nečestnou povahu v sobě, ale Bůh věděl, že jakmile se Jákob promění, stane se z něj veliká nádoba. Z tohoto důvodu Bůh dopustil, aby na Jákoba dopadlo dvacet let zkoušek, jeho vlastní osobnost mohla být zcela zlomena a on se mohl pokořit.

Když Jákob lstivým způsobem ukradl prvorozenství svého staršího bratra Ezaua, Ezau se ho pokoušel zabít a Jákob před ním musel uprchnout. Nakonec Jákob odešel bydlet ke svému strýci Lábanovi a pásl tam ovce a kozy. Musel zde těžce pracovat a starat se o ovce a kozy svého strýce. V Genesis 31:40 vyznal: *"Ve dne mě sužovalo vedro a v noci chlad. Spánek prchal od mých očí."*

Bůh odplácí každému podle toho, co zasel. Viděl Jákoba, jak věrně pracuje a požehnal mu velikým majetkem. Když mu Bůh řekl, aby se vrátil do své vlasti, Jákob opustil Lábana a vydal se se svou rodinou a majetkem domů. Potom, co dosáhl řeky Jabok, Jákob slyšel, že jeho bratr Ezau je na druhé straně řeky se 400 muži.

Jákob se nemohl vrátit k Lábanovi kvůli slibu, který svému strýci dal. Ani nemohl překročit řeku a jít vpřed směrem k Ezauovi, který hořel pomstou. Nalézaje se v kritické situaci Jákob déle nespoléhal na svou vlastní moudrost, ale svěřil v modlitbě všechno Bohu. Zcela zbavený jakéhokoliv stínu svých myšlenek Jákob naléhavě žádal Boha v modlitbě až do té míry, že mu byl vykloubén kyčelní kloub.

Jákob zápolil s Bohem a uspěl, takže mu Bůh požehnal:

"Nebudou tě už jmenovat Jákob (to je Úskočný), nýbrž Izrael (to je Zápasí Bůh), neboť jsi jako kníže zápasil s Bohem i s lidmi a obstáls" (Genesis 32:29). Potom se také Jákob mohl usmířit se svým bratrem Ezauem.

Důvod, proč si Bůh vyvolil Jákoba, byl ten, že byl tak vytrvalý a spravedlivý, že se skrze zkoušky mohl stát velikou nádobou a hrát významnou roli v dějinách Izraele.

Jákob měl dvanáct synů a těchto dvanáct synů položilo základy k vytvoření izraelského národa. Nicméně, protože byli stále pouhým kmenem, Bůh plánoval umístit je uvnitř hranic Egypta, který byl mocnou zemí, dokud se Jákobovi potomci nestanou velikým národem.

Tento plán byl plánem lásky Boha, který je chtěl ochránit před ostatními národy. Člověkem, kterému byl svěřen tento obrovský úkol, se stal Josef, který byl v pořadí jedenáctým Jákobovým synem.

Mezi svými dvanácti syny měl Jákob nápadně v oblibě Josefa, kterého oděl pestře tkanou suknicí a tak dále. Josef se stal terčem zášti a žárlivosti svých bratrů a byl svými bratry ve věku sedmnácti let prodán do otroctví do Egypta. Nikdy si ale nestěžoval ani svými bratry neopovrhoval.

Josef byl prodán do domu Potífara, faraónova dvořana, velitele tělesné stráže. Tam pilně a věrně pracoval a získal Potífarovu přízeň a důvěru. Proto se Josef stal správcem Potífarova domu a byla mu svěřena veškerá domácnost.

Přesto vyvstal problém. Josef byl krásné postavy a krásného vzhledu a žena jeho pána se do Josefa zahleděla a sváděla ho. Josef byl přímý a upřímně se bál Boha, takže když ho sváděla, statečně jí řekl: *"Jak bych se tedy mohl dopustit takové špatnosti a prohřešit se proti Bohu?"* (Genesis 39:9)

Nakonec však byl Josef na její nesmyslné obvinění uvězněn v pevnosti, kde byli vězněni královi vězňové. I ve vězení byl s Josefem Bůh a díky Boží přízni na své straně měl Josef brzy na zodpovědnost "vše, co se tam mělo dělat".

Takovýmito kroky po celou dobu mohl Josef získat moudrost, díky které mohl později vést národ, tříbit své politické dispozice a stát se velikou nádobou, která mohla přijmout mnoho lidí do svého srdce.

Potom, co vyložil faraónovi jeho sny a nabídl mu moudré řešení problémů, kterým měli faraón a jeho lid čelit, se Josef stal správcem a druhým mužem po faraónovi. A tak, z hluboké Boží prozíravosti a skrze tyto zkoušky, které na Josefa dolehly, Bůh vyvýšil Josefa ve věku jeho 30 let na pozici vicekrále jednoho z nejmocnějších národů té doby.

Zrovna jako Josef předpověděl faraónovy sny, udeřilo na Blízký východ včetně Egypta sedm let hladu a protože již učinil pro takovýto případ opatření, mohl Josef dodávat obilí všem Egypťanům. Josefovi bratři pak přišli do Egypta, protože hledali jídlo, shledali se se svým bratrem a zbytek rodiny brzy přesídlil do Egypta, ve kterém žili v hojnosti a připravili půdu pro vznik izraelského národa.

Mojžíš: Veliký vůdce, který učinil exodus skutečností

Potom, co se Izraelovi potomci usadili dole v Egyptě, rozmnožili se a žili v hojnosti a brzy se stali dostatečně zdatní a početní na to, aby vytvořili svůj vlastní národ.

Když se k moci dostal nový král, který neznal Josefa, začal se mít před vzkvétáním a silou Izraelových potomků na pozoru. Král a dvořané brzy začali ztrpčovat Izraelcům život tvrdou otročinou při výrobě cihel a všelijakou prací na poli. Všechnu otročinu, kterou na ně uvalili, jim ještě ztěžovali surovostí (Exodus 1:13-14).

Nicméně, *"jakkoli jej ujařmovali [izraelský lid], množil se a rozmáhal dále, takže měli z Izraelců hrůzu"* (Exodus 1:12). Faraón brzy nařídil, aby byli všichni izraelští chlapci po svém narození zabiti. Potom, co Bůh uslyšel nářek Izraelců o pomoc kvůli jejich otroctví, vzpomněl si na svou smlouvu s Abrahamem, Izákem a Jákobem.

A tobě i tvému potomstvu dávám do věčného vlastnictví zemi, v níž jsi hostem, tu celou zemi kenaanskou. A budu jim Bohem (Genesis 17:8).

Zemi, kterou jsem dal Abrahamovi a Izákovi, tu dám tobě; tvému potomstvu dám tuto zemi (Genesis 35:12).

Aby mohl vyvést syny Izraele z jejich soužení a přivést je do kenaanské země, připravil Bůh muže, který měl bezpodmínečně poslouchat jeho příkazy a vést jeho lid s Božím srdcem.

Tímto mužem byl Mojžíš. Jeho rodiče ukrývali Mojžíše po tři měsíce od jeho narození, ale když ho již déle ukrývat nemohli, položili ho do proutěné ošatky a vložili ji do rákosí při břehu Nilu. Když faraónova dcera objevila dítě v proutěné ošatce a rozhodla se ponechat si je jako své vlastní, sestra dítěte, která stála opodál, aby zvěděla, co se s ním stane, navrhla faraónově dceři jako kojnou Mojžíšovu biologickou matku.

A tak byl Mojžíš vychováván v královském paláci a zároveň svou biologickou matkou, takže vyrostl v tom, že se učil o Bohu a o Izraelitech, svém vlastním lidu.

Potom jednoho dne spatřil nějakého Egypťana, jak ubíjí Hebreje, jednoho z jeho bratří a v rozrušení Egypťana ubil a zahrabal do písku. Když to vyšlo najevo, Mojžíš před faraónem uprchl a usadil se v midjánské zemi. Tam čtyřicet let pásl ovce, což bylo součástí prozíravosti Boha, který se snažil zkoušet a cvičit Mojžíše jako budoucího vůdce exodu.

V době, kterou si Bůh zvolil, povolal Mojžíše a nařídil mu vyvést Izraelity z Egypta do Kenaanu, země oplývající mlékem a medem.

Protože měl faraón zatvrzelé srdce, neuposlechl Božího příkazu, který mu byl dán skrze Mojžíše. V důsledku toho Bůh seslal na Egypt deset ran a násilně vyvedl Izraelity z egyptské země.

Izrael: Boží volba

Až potom, co utrpěli ztrátu svých prvorozených synů, faraón a jeho lid poklekli před Bohem a izraelský lid mohl být propuštěn z otroctví. Bůh sám vedl Izraelity každým krokem jejich cesty; Bůh rovněž rozdělil Rudé moře, aby jej mohli přejít po suché zemi. Když neměli co pít, Bůh nechal vytrysknout vodu ze skály a když neměli co jíst, Bůh seslal manu a křepelky. Bůh konal tyto zázraky a divy skrze Mojžíše, aby tak zajistil přežití miliónů Izraelitů v pustině po dobu čtyřiceti let.

Věrný Bůh pak dovedl izraelský lid do kenaanské země prostřednictvím Jozueho, Mojžíšova nástupce. Bůh pomohl Jozuemu a jeho lidu překročit Božím způsobem řeku Jordán a nechal je dobýt město Jericho. A svými vlastními způsoby jim Bůh dovolil dobýt a vlastnit většinu kenaanské země oplývající mlékem a medem.

Samozřejmě, že dobytí Kenaanu nebylo pouze Božím požehnáním Izraelitům, ale bylo také výsledkem spravedlivého Božího soudu nad obyvateli Kenaanu, kteří se zkazili v důsledku hříchu a zla. Obyvatelé kenaanské země se totiž úplně zkazili a stali se předmětem soudu. Potom Bůh ve své spravedlnosti dovedl Izraelity k tomu, aby tuto zemi zabrali.

Jak Bůh pověděl Abrahamovi: *"Sem se vrátí teprve čtvrté pokolení"* (Genesis 15:16), Abrahamovi potomci Jákob a jeho synové odešli z Kenaanu do Egypta, usadili se zde a jejich potomci se vrátili do kenaanské země.

David zřizuje silný Izrael

Po dobytí kenaanské země vládl Bůh nad Izraelem během doby soudců skrze soudce a proroky a později se stal Izrael královstvím. Během vlády krále Davida, který miloval Boha nade vše, pak byly položeny základy Izraele jako národa.

Ve svém mládí zabil David prakem a kamenem velkého pelištejského bojovníka a jako projev uznání za služby na bitevním poli byl David ustanoven velitelem nad bojovníky v armádě krále Saula. Když se David vracel domů po vítězství nad Pelištejci, mnoho žen tančilo a prozpěvovalo si: "Saul pobil své tisíce, ale David své desetitisíce." A všichni Izraelité začali Davida milovat. Král Saul začal ze žárlivosti kout pikle, aby Davida zabil.

Uprostřed Saulova zoufalého pronásledování měl David dvě příležitosti krále zabít. Odmítl však zabít krále, který byl pomazán samotným Bohem. Králi činil pouze dobro. V jednom okamžiku David padl na kolena tváří k zemi, klaněl se a řekl králi Saulovi: *"Pohleď, můj otče! Pohleď na cíp svého pláště v mé ruce. Odřízl jsem cíp tvého pláště a nezabil jsem tě. Uvaž a pohleď, že na mé ruce nelpí žádné zlo ani nevěrnost. Já jsem se proti tobě neprohřešil, ale ty mi ukládáš o život, chceš mi jej vzít"* (1 Samuelova 24:12).

David, muž podle Božího srdce, konal dobro ve všech věcech i potom, co se stal králem. Během svého panování vládl nad svým královstvím spravedlivě a upevnil své království. Protože s králem byl Bůh, David vítězil ve válkách proti Pelištejcům, Moábcům, Amálejcům, Amóncům a Edómcům. Rozšířil izraelská území a válečná kořist a poplatky pouze zvětšily bohatství v pokladnici Davidova království. Stejně tak si David užíval v období hojnosti.

David také přestěhoval schránu Boží smlouvy do Jeruzaléma, vytvořil postupy pro přinášení obětí a posílil víru v Boha Hospodina. Tento král rovněž vybudoval z Jeruzaléma politické a náboženské centrum království a učinil všechny přípravy pro svatý Boží chrám, aby mohl být postaven během vlády jeho syna, krále Šalomouna.

V celé své historii byl Izrael nejmocnější a nejokázalejší během vlády krále Davida, který byl svým lidem velmi obdivován a vzdával Bohu velikou slávu. K dovršení toho všeho vyvstává otázka, jak veliký musel být David praotec, když měl Mesiáš povstat z jeho potomků?

Eliáš přivádí srdce Izraelitů zpět k Bohu

Šalomoun, syn krále Davida, uctíval v posledních dnech svého života modly a království bylo po jeho smrti rozděleno na dvě poloviny. Z dvanácti izraelských kmenů tvořilo deset izraelské království na severu, zatímco zbylé kmeny vytvořily království judské na jihu.

V izraelském království zjevovali Boží vůli svému lidu proroci Ámos a Ozeáš, zatímco proroci Izajáš a Jeremiáš konali tuto službu v království judském. Kdykoliv nastal čas, který si Bůh zvolil, poslal své proroky a uskutečňoval skrze ně svou vůli. Jedním z těchto proroků byl také Eliáš. Eliáš vykonával svou

28

službu v severním království během vlády krále Achaba.

Za Eliášových časů přinesla do Izraele pohanská královna Jezábel Baala a po celém království nastalo přebujelé uctívání model. Prvním posláním, které musel prorok Eliáš splnit, bylo povědět králi Achabovi, že v Izraeli po dobu tří a půl roku nezaprší v důsledku Božího soudu za uctívání model.

 Když bylo prorokovi řečeno, že se ho král a královna pokoušejí zabít, uprchl Eliáš do Sarepty, jež se nacházela u Sidónu. Zde ho jedna vdova zaopatřila skývou chleba a na oplátku za její službu projevil Eliáš vdově úžasné požehnání a mouka z jejího džbánu neubyla a olej v láhvi nedošel až do dne, kdy skončil hladomor. Později Eliáš také oživil mrtvého syna této vdovy.

Na hoře Karmel svedl Eliáš boj proti 450 Baalovým prorokům a 400 prorokům Ašéřiným a z nebe spadl Hospodinův oheň. Aby odvrátil srdce Izraelitů od model a zavedl je zpět k Bohu, vybudoval Eliáš ve jménu Hospodinově oltář, vylil na zápalnou oběť a na dříví vodu a naléhavě se modlil k Bohu.

"Hospodine, Bože Abrahamův, Izákův a Izraelův, ať se dnes pozná, že ty jsi Bůh v Izraeli a já tvůj služebník a že jsem učinil všechny tyto věci podle tvého slova. Odpověz mi, Hospodine! Odpověz mi, ať pozná tento lid, že ty, Hospodine, jsi Bůh. Ty sám obrať jejich srdce zpět k sobě." I spadl Hospodinův oheň a pozřel zápalnou oběť i dříví, kameny i prsť, a vodu z příkopu

vypil. Když to všechen lid spatřil, padli na tvář a volali:
"Jen Hospodin je Bůh! Jen Hospodin je Bůh!" Eliáš
jim poručil: "Pochytejte Baalovy proroky! Nikdo z nich
ať neunikne!" Když je pochytali, zavedl je Eliáš dolů k
potoku Kíšonu a tam je pobil (1 Královská 18:36-40).

Navíc po třech a půl letech sucha přivolal z nebe prudký déšť,
překročil řeku Jordán, jakoby kráčel po suché zemi a prorokoval
věci, které se později staly. Projevováním úžasné Boží moci Eliáš
jasně svědčil o živém Bohu.

Ve 2 Královské 2:11 čteme: *"Pak šli dál [Eliáš a Elíša]*
a rozmlouvali. A hle, ohnivý vůz s ohnivými koni je od sebe
odloučil a Eliáš vystupoval ve vichru do nebe." Protože Eliáš
potěšil svou vírou Boha nejvyšší možnou měrou a získal jeho
lásku a uznání, vystoupil do nebe, aniž by spatřil smrt.

Daniel zjevuje národům Boží slávu

O dvě stě padesát let později, cca 605 let před Kristem, ve
třetím roce kralování Jójakíma, krále judského, dobyl Jeruzalém
babylonský král Nebúkadnesar a mnoho lidí z královské rodiny
judského království bylo zajato.

Jako součást Nebúkadnesarovy politiky smíření pak rozkázal
král Ašpenazovi, vrchnímu nad dvořany, aby přivedl z Izraelců,
a to z královského potomstva a ze šlechty, jinochy bez jakékoliv
vady, pěkného vzhledu, zběhlé ve veškeré moudrosti, kteří si
osvojili poznání, rozumějí všemu vědění a jsou schopni stávat v

královském paláci. A král jim nařídil, aby se naučili kaldejskému písemnictví a jazyku a mezi těmito jinochy byl i Daniel (Daniel 1:3-4).

Ale Daniel si předsevzal, že se neposkvrní královskými lahůdkami a vínem, které pil král při svých hodech. Požádal velitele dvořanů, aby se nemusel poskvrňovat (Daniel 1:8).

Třebaže byl Daniel válečným zajatcem, obdržel od Boha požehnání, protože se ho bál v každé záležitosti svého života. Bůh dal Danielovi a jeho přátelům vědění a zběhlost ve veškerém písemnictví a také moudrost. Danielovi dal nadto dar porozumět všem viděním a snům (Daniel 1:17).

Proto i nadále získával Daniel přízeň a uznání od králů, i když se království měnila. Potom, co Darjaveš médský rozpoznal Danielova mimořádného ducha, zamýšlel ho ustanovit nad celým královstvím. Tu na Daniela začala žárlit skupina říšských dvořanů, kteří začali proti Danielovi hledat záminku ohledně jeho správy království. Ale žádnou záminku ani zlé jednání nalézt nemohli.

Když se vládcové a satrapové dozvěděli, že se Daniel třikrát denně modlí ke svému Bohu, předstoupili před krále a naléhali na něj, aby vydal nařízení, že každý člověk, který by se v údobí třiceti dnů modlil ke kterémukoliv bohu nebo člověku kromě krále, bude vhozen do lví jámy. Daniel nezaváhal; i za cenu ztráty své pověsti, vysokého postavení a vlastního života ve lví jámě pokračoval v modlitbách směrem k Jeruzalému, jako to činíval dříve.

Z rozkazu krále byl pak Daniel vhozen do lví jámy, ale protože

Bůh poslal svého anděla a zavřel ústa lvům, Daniel nebyl zraněn. Potom, co se to král Darjaveš dozvěděl, napsal všem lidem různých národností a jazyků, bydlícím po celé zemi a nechal je chválit Boha a vzdávat mu slávu:

Vydávám rozkaz, aby se v celé mé královské říši všichni třásli před Danielovým Bohem a obávali se ho, neboť on je Bůh živý a zůstává navěky, jeho království nebude zničeno a jeho vladařská moc bude až do konce. Vysvobozuje a vytrhuje, činí znamení a divy na nebi i na zemi. On vysvobodil Daniela ze lvích spárů (Daniel 6:27-28).

Kromě výše uvedených praotců víry, kteří měli u Boha velmi dobré jméno, by nestačil papír ani inkoust k tomu, aby popsal skutky víry Gedeóna, Baráka, Samsona, Jefta, Samuela, Izajáše, Jeremiáše, Ezechiela, tří Danielových přátel, Ester a všech proroků uvedených v Bibli.

Velcí praotcové pro všechny národy země

Již od nejčasnějších dnů izraelského národa Bůh osobně mapoval a řídil průběh jeho dějin. Pokaždé, když se Izrael nacházel v krizi, Bůh jej krizí provedl skrze proroky, které si k tomu připravil a vedl tak izraelské dějiny.

Proto se na rozdíl od dějin jiných národů dějiny Izraele od dnů Abrahama vyvíjejí podle Boží prozíravosti a budou se vyvíjet v souladu s Božím plánem až do skonání věků.

Co se týče Boha, určovat a používat otce víry mezi izraelským lidem pro svou prozíravost a plán nebylo zamýšleno pouze pro jeho vyvolené, Izraelity, ale rovněž pro všechny lidi všude na světě, kteří mají víru v Boha.

Abraham se jistě stane velikým a zdatným národem a budou v něm požehnány všechny pronárody země (Genesis 18:18).

Bůh touží po tom, aby se "všechny pronárody země" staly díky víře Abrahamovými dětmi a obdržely Abrahamovo požehnání. Nevyhradil požehnání pouze pro své vyvolené Izraelity. V Genesis 17:4-5 Bůh slíbil Abrahamovi, že se stane praotcem velkého množství národů a v Genesis 12:3, že všechny čeledi země v něm dojdou požehnání. V Genesis 22:17-18 pak slíbil, že všechny národy země dojdou skrze jeho potomstvo požehnání.

Kromě toho Bůh skrze dějiny Izraele otevřel cestu, díky které se všechny národy země dozvědí, že pouze Hospodin Bůh je pravý Bůh, budou mu sloužit a stanou se jeho skutečnými dětmi, které ho budou milovat.

Dal jsem odpověď těm, kdo se neptali, dal jsem se nalézt těm, kdo mě nehledali. Řekl jsem: 'Hle, tady jsem, jsem tady' pronárodu, který nevzýval mé jméno (Izajáš 65:1).

Bůh ustavil velké praotce a osobně vedl a řídil dějiny Izraele, aby umožnil pohanům i svým vyvoleným Izraelitům vzývat jeho jméno. V té době Bůh uskutečňoval dějiny tříbení lidstva, ale pak vymyslil další podivuhodný plán, aby mohl uplatnit prozíravost tříbení lidstva rovněž u pohanů. Proto, když nadešel čas, který si sám zvolil, poslal Bůh svého jediného Syna do izraelské země ne pouze jako Mesiáše Izraele, ale jako Mesiáše celého lidstva.

Lidé, kteří svědčí o Ježíši Kristu

Během celé historie tříbení lidstva byl Izrael vždy v centru naplňování Boží prozíravosti. Bůh se zjevoval otcům víry, zasliboval jim věci, které se měly stát a naplňoval tyto věci, jak slíbil. Bůh také Izraelitům pověděl, že Mesiáš vzejde z kmene Juda a z domu Davidova a spasí všechny národy země.

Proto Izrael očekával Mesiáše, který byl předpovězen ve Starém zákoně. Mesiášem je Ježíš Kristus. Samozřejmě, že lidé, kteří mají víru v judaizmus, nerozpoznávají Ježíše jako Božího syna a Mesiáše, ale namísto toho stále očekávají jeho příchod.

Nicméně Mesiáš, kterého Izrael očekává a Mesiáš, o kterém pojednává zbytek této kapitoly, je jeden a tentýž.

Co vypovídají lidé o Ježíši Kristu? Jestliže prozkoumáte proroctví o Mesiáši a jejich naplnění a předpoklady nezbytné pro Mesiáše, pouze se utvrdíte ve skutečnosti, že Mesiáš, po kterém Izrael touží, není nikdo jiný než Ježíš Kristus.

Pavel, pronásledovatel Ježíše Krista, se mění v jeho apoštola

Pavel se narodil v Tarsu, v provincii Cilicia, v dnešním Turecku, přibližně před 2000 lety a jeho původní jméno bylo Saul. Saul byl osmý den po svém narození obřezán, byl z izraelského národa, z kmene Benjamín a Hebrejec z Hebrejců. Co se týče spravedlnosti, která je zakotvena v zákoně, Saul byl shledán bezúhonným. Svého vzdělání nabyl u Gamaliela, učitele zákona, kterého si vážil všechen lid. Žil přísně podle zákona svých otců a měl občanství římského impéria, v té době nejmocnější země světa. Jedním slovem, nebylo nic, co by Saul ze světského pohledu postrádal, pokud jde o jeho rodinu, původ, vědění, majetek nebo úřední moc.

Protože Saul miloval Boha nade vše, horlivě pronásledoval následovníky Ježíše Krista. A to proto, že když slyšel, že křesťané tvrdí, že ukřižovaný Ježíš byl Boží Syn a Spasitel a že Ježíš byl třetího dne po svém pohřbu vzkříšen ze svého hrobu, považoval to za totéž jako rouhání proti Bohu samotnému.

Saul se rovněž domníval, že následovníci Ježíše Krista představují pro farizejský judaizmus, který horlivě zastával, hrozbu. Z tohoto důvodu Saul houževnatě pronásledoval a ničil církev a převzal v chytání věřících v Ježíše Krista vedení.

Nechal uvěznit mnoho křesťanů a hlasoval proti nim, když měli být zabiti. Rovněž trestal věřící ve všech synagogách, pokoušel se je donutit k tomu, aby se zde rouhali proti Ježíši Kristu a stíhal je dokonce i do cizích měst.

Potom Saul zažil pozoruhodnou zkušenost, díky které se jeho život obrátil vzhůru nohama. Na cestě do Damašku kolem něho náhle zazářilo světlo z nebe.

"Saule, Saule, proč mne pronásleduješ?"

"Kdo jsi, Pane?"

"Já jsem Ježíš, kterého ty pronásleduješ."

Saul vstal ze země, otevřel oči, ale nic neviděl; lidé ho museli do Damašku dovést. Zůstal tam po tři dny, kdy nic neviděl. Také nic nejedl ani nepil. Po této události se Pán zjevil ve vidění učedníku jménem Ananiáš.

Jdi hned do ulice, která se jmenuje Přímá, a v domě Judově vyhledej Saula z Tarsu. Právě se modlí a dostalo se mu vidění, jak k němu vchází muž jménem Ananiáš a vkládá na něj ruce, aby opět viděl… Jdi, neboť on je mým nástrojem, který jsem si zvolil, aby nesl mé jméno národům i králům a synům izraelským. Ukáži mu, co všechno musí podstoupit pro mé jméno (Skutky 9:11-12,15-16).

Když Ananiáš vložil na Saula ruce a modlil se za něho, jako by mu s očí spadly šupiny a opět získal svůj zrak. Potom, co se setkal s Pánem, si Saul skrz naskrz uvědomil své hříchy a přejmenoval se na "Pavla," což znamená "malý muž." Od této chvíle Pavel statečně kázal pohanům živého Boha a evangelium Ježíše Krista.

Ujišťuji vás, bratří, že evangelium, které jste ode mne slyšeli, není z člověka. Vždyť já jsem je nepřevzal od žádného člověka ani se mu nenaučil od lidí, nýbrž zjevil mi je sám Ježíš Kristus. Slyšeli jste přece o tom, jak jsem si kdysi vedl, když jsem ještě byl oddán židovství, jak horlivě jsem pronásledoval církev Boží a snažil se ji vyhubit. Vynikal jsem ve věrnosti k židovství nad mnoho vrstevníků v našem lidu a nadmíru jsem horlil pro tradice našich otců. Ale ten, který mě vyvolil už v těle mé matky a povolal mě svou milostí, rozhodl se zjeviti mně svého Syna, abych radostnou zvěst o něm nesl všem národům. Tehdy jsem nešel o radu k žádnému člověku, ani jsem se nevypravil do Jeruzaléma k těm, kteří byli apoštoly dříve než já, nýbrž odešel jsem do Arábie a potom jsem se zase vrátil do Damašku (Galatským 1:11-17).

I potom, co se setkal s Pánem Ježíšem Kristem a kázal evangelium, vytrpěl Pavel všemožné druhy utrpení, které se nedají dostatečně popsat slovy. Pavel se namáhal usilovněji než kdo jiný, mnohokrát byl ve vězení, do sytosti užil ran, hleděl smrti často do tváře, často v bezesných nocích, o hladu a žízni, v častých postech, v zimě a bez oděvu (2 Korintským 11:23-27).

Ve svém postavení, se svou mocí, vzděláním a věděním mohl žít bez problémů úspěšný a pohodlný život, ale Pavel se všeho toho vzdal a svěřil všechno, co měl, pouze Pánu.

Vždyť já jsem nejmenší z apoštolů a nejsem ani hoden jména apoštol, protože jsem pronásledoval církev Boží. Milostí Boží jsem to, co jsem, a milost, kterou mi prokázal, nebyla nadarmo; více než oni všichni jsem se napracoval – nikoli já, nýbrž milost Boží, která byla se mnou (1 Korintským 15:9-10).

Pavel mohl učinit toto odvážné vyznání, protože měl velmi živou zkušenost ze setkání s Ježíšem Kristem. Pán se nesetkal s Pavlem pouze na cestě do Damašku, ale to, že je s Pavlem, potvrdil také tím, že skrze něj projevoval zázračné a mocné skutky.

Bůh konal skrze Pavla mimořádné zázraky, takže lidé dokonce odnášeli k nemocným šátky a zástěry, kterých se dotkl a zlí duchové je pak opouštěli (Skutky 19:11-12). Pavel rovněž přivedl k životu mladíka jménem Eutychos. Ten usnul a spadl z třetího poschodí a když ho zvedli, byl mrtvý. Přivést mrtvého člověka k životu není bez Boží moci možné.

Starý zákon se zmiňuje o tom, jak prorok Eliáš přivedl k životu mrtvého syna vdovy ze Sarepty a prorok Elíša oživil chlapce znamenité ženy v Šúnemu. Jak napsal žalmista v Žalmu 62:12: *"Bůh promluvil jednou, dvojí věc jsem slyšel: Bohu patří moc,"* Boží moc je dána Božím lidem.

Během svých tří misijních cest Pavel zřídil základ pro evangelium Ježíše Krista, aby se kázalo všem národům tím, že vybudoval církve na mnoha místech v Asii a Evropě včetně Malé Asie a Řecka. A tak byla otevřena cesta, skrze niž se může evangelium Ježíše Krista kázat v každém koutě země a bezpočet duší tak může dojít spasení.

Petr projevuje velikou moc a přivádí ke spáse nespočet duší

Co můžeme říct o Petrovi, který kráčel v čele těch, kdo kázali evangelium Židům? Předtím, než se setkal s Ježíšem, byl obyčejným rybářem, ale potom, co ho Ježíš povolal a on se stal přímým svědkem zázračných věcí, které Ježíš konal, se Petr stal jedním z jeho nejlepších učedníků.

Když se Petr stal svědkem věcí, při kterých Ježíš projevoval takový druh a rozsah moci, kterou žádný jiný člověk nemohl ani napodobit včetně otevření očí slepému, postavení mrzáka na nohy a oživení mrtvého, viděl Ježíše dělat dobré skutky a sledoval, jak Ježíš přikrývá nedostatky a přestupky lidí, mohl Petr uvěřit: "On opravdu přichází od Boha." V Matoušovi 16 můžeme najít jeho vyznání. Ježíš se zeptal svých učedníků: *"A za koho mne pokládáte vy?"* (v. 15). A Petr odpověděl: *"Ty jsi Mesiáš, Syn Boha živého"* (v. 16).

Potom se Petrovi, který dokázal učinit takovéto odvážné vyznání uvedené výše, stalo něco nepředstavitelného. Petr u poslední večeře vyznal Ježíši dokonce toto: "Kdyby všichni od tebe odpadli, já nikdy ne!" (Matouš 26:33). Ale tu noc, kdy byl Ježíš zajat a později ukřižován, Petr ze strachu ze smrti Ježíše třikrát zapřel.

Potom, co byl Ježíš vzkříšen a vystoupil do nebe, obdržel Petr Ducha svatého a byl zázračným způsobem proměněn. Dospěl k tomu, že zasvětil veškerý svůj život kázání evangelia Ježíše Krista, aniž by se bál smrti. V jeden den, kdy odvážně svědčil o Ježíši Kristu, činilo pokání a bylo pokřtěno 3000 lidí. I před čelními představiteli Židů, kteří mu hrozili, že ho zabijí, statečně prohlásil, že Ježíš Kristus je náš Pán a Spasitel.

Obraťte se a každý z vás ať přijme křest ve jménu Ježíše Krista na odpuštění svých hříchů, a dostanete dar Ducha svatého. Neboť to zaslíbení platí vám a vašim dětem i všem daleko široko, které si povolá Pán, náš Bůh (Skutky 2:38-39).

Ježíš je ten kámen, který jste vy stavitelé odmítli, ale on se stal kamenem úhelným. V nikom jiném není spásy; není pod nebem jiného jména, zjeveného lidem, jímž bychom mohli být spaseni (Skutky 4:11-12).

Petr projevoval Boží moc mnoha znameními a zázraky. V Lyddě Petr uzdravil muže, který byl už osm let upoután na lůžko, protože byl ochrnutý a blízko Joppe oživil Tabitu, která právě tehdy onemocněla a zemřela. Díky Petrovi chromí vstávali a chodili, Petr rovněž uzdravoval jakoukoliv nevyléčitelnou nemoc a vyháněl démony.

Boží moc provázela Petra do té míry, že lidé dokonce vynášeli nemocné na ulici a kladli je na lehátka a na nosítka, aby na některého padl aspoň Petrův stín, až půjde kolem (Skutky 5:15).

Kromě toho Bůh zjevil Petrovi ve vidění, že má evangelium o spasení přinést k pohanům. Jednoho dne, když Petr vyšel za poledne na rovnou střechu domu, aby se modlil, dostal hlad a chtěl se najíst. Zatímco mu připravovali jídlo, upadl do vytržení mysli a uviděl otevřené nebe a cosi, co se podobalo veliké plachtě, kterou spouštějí k zemi. Byly v ní všechny druhy živočichů: čtvernožci, plazi i ptáci (Skutky 10:9-12). Potom Petr uslyšel hlas.

Tu k Petrovi zazněl hlas. *"Vstaň, Petře, zabíjej a jez!"* (v. 13). Ale Petr řekl: *"To ne, Pane! Ještě nikdy jsem nejedl nic, co poskvrňuje a znečišťuje"* (v. 14). Ale hlas se ozval podruhé: *"Co Bůh prohlásil za čisté, nepokládej za nečisté"* (v. 15).

To se opakovalo třikrát a zase to všechno bylo vyneseno vzhůru do nebe. Petr nemohl pochopit, proč mu Bůh nařídil jíst něco, co bylo Mojžíšovým zákonem prohlášeno za "nečisté." Zatímco Petr stále ještě přemýšlel o svém vidění, Duch svatý mu řekl: *"Jsou tu tři muži a hledají tě; sejdi hned dolů a bez rozpaků s nimi jdi, neboť já jsem je poslal"* (Skutky 10:19-20). Tři muži přišli jménem pohana Kornélia, který pro Petra poslal, aby přišel do jeho domu.

Skrze toto vidění Bůh zjevil Petrovi, že si přeje, aby se Boží milost kázala i pohanům a nabádal Petra k tomu, aby šířil evangelium Pána Ježíše Krista i mezi pohany. Petr byl Pánu, který ho miloval až do konce a svěřil mu jako svému apoštolovi svatý úkol i přesto, že ho třikrát zapřel, tak vděčný, že nelitoval svého života a zemřel potom, co dovedl nespočet duší na cestu spasení, mučednickou smrtí.

Apoštol Jan prorokuje pomocí zjevení Ježíše Krista poslední dny

Jan byl dříve rybář v Galileji, ale potom, co si ho Ježíš povolal, s ním Jan vždy chodil a stal se tak svědkem jeho znamení a zázraků. Jan viděl, jak Ježíš proměnil vodu ve víno na svatbě v Káně Galilejské, uzdravil bezpočet nemocných lidí včetně člověka, který byl nemocen třicet osm let, vyhnal z mnoha lidí démony a otevřel oči slepým. Jan byl rovněž svědkem toho, jak Ježíš kráčel po vodě a přivedl zpátky k životu Lazara, který byl již čtyři dny mrtev.

Jan následoval Ježíše, když byl Ježíš proměněn (jeho tvář zářila jako slunce a jeho šat byl oslnivě bílý) a mluvil s Mojžíšem a Eliášem na hoře proměnění. Dokonce předtím, než Ježíš vydechl naposledy na kříži, Jan slyšel, jak říká panně Marii a jemu: *"Ženo, hle, tvůj syn!"* (Jan 19:26).

"Hle, tvá matka!" (Jan 19:27). Těmito třetími slovy, která Ježíš pronesl na kříži, z fyzického pohledu utěšoval Marii, která ho nosila a porodila ho, ale v duchovním slova smyslu tím prohlašoval všemu lidstvu, že všichni věřící jsou si navzájem bratry, sestrami a matkami.

Ježíš nikdy nezmiňoval Marii jako svou "matku." Protože Ježíš, Syn Boží, je ve své podstatě Bohem samotným, nikdo mu nemohl dát život a on nemohl mít matku. Důvodem pro to, že Ježíš řekl Janovi: "Hle, tvá matka!", bylo to, aby Jan sloužil Marii jako své matce. Od této chvíle Jan přijal Marii do své vlastní domácnosti a sloužil jí jako své matce.

Po Ježíšově vzkříšení a nanebevzetí Jan navzdory neustálým hrozbám Židů horlivě kázal evangelium Ježíše Krista spolu s ostatními apoštoly. Díky jejich vášnivému kázání evangelia zažívala raná církev velkolepé probuzení. Současně však byli apoštolové neustále předmětem pronásledování.

Apoštol Jan byl podroben kritice na židovské radě a později ho římský císař Domicián nechal ponořit do vařícího oleje. Jan tím ale díky Boží moci a prozíravosti neutrpěl a císař ho poslal do vyhnanství na řecký ostrov Patmos nacházející se ve Středozemním moři. Tam Jan komunikoval s Bohem v modlitbách a ve vytržení Ducha svatého. Pod vedením andělů viděl mnoho hlubokých zjevení a zaznamenal zjevení o Ježíši Kristu.

Zjevení, které Bůh dal Ježíši Kristu, aby ukázal svým služebníkům, co se má brzo stát; naznačil to prostřednictvím anděla svému služebníku Janovi (Zjevení 1:1).

Ve vytržení Ducha svatého zaznamenal apoštol Jan každý detail o věcech, které se mají stát v posledních dnech, aby tak všichni lidé mohli přijmout Ježíše jako svého Spasitele a připravit se na to, aby ho mohli přijmout jako Krále králů a Pána pánů při jeho druhém příchodu.

Členové rané církve se pevně drží své víry

Když vzkříšený Ježíš vystoupil do nebe, slíbil svým učedníkům, že se vrátí stejným způsobem, jakým ho vidí do nebe odejít.

Nespočet svědků Ježíšova vzkříšení a nanebevstoupení si uvědomilo, že budou také vzkříšeni a již se déle neobávali smrti. Proto dokázali žít své životy jako jeho svědkové, i když čelili hrozbám a útisku ze strany vládců tohoto světa a pronásledování, které je často stálo vlastní život. Nejenom Ježíšovi učedníci, kteří mu sloužili během jeho veřejného působení, ale také bezpočet jiných se stalo kořistí lvů v Koloseu v Římě, byli popraveni, ukřižováni nebo shořeli na popel. Nicméně, všichni se pevně drželi své víry v Ježíše Krista.

Jak se pronásledování proti křesťanům stupňovalo, ukrývali se členové rané církve v římských katakombách, známých jako "podzemní pohřební místa." Jejich životy byly žalostné; bylo to, jakoby vůbec nežili. Nicméně, protože chovali k Pánu vášnivou a opravdovou lásku, neobávali se žádných zkoušek ani utrpení.

Předtím, než bylo křesťanství v Římě oficiálně uznáno, byl útlak proti křesťanům nelítostný a krutý a přesahoval jakékoliv naše představy. Křesťanům bylo odnímáno jejich občanství, Bible a církevní budovy hořely v plamenech a církevní vůdcové a pracovníci byly zatýkáni, brutálně mučeni a popravováni.

Polykarp z církve ve Smyrně v Malé Asii choval k apoštolu Janovi osobní přátelství. Byl také oddaný biskup. Když byl

Polykarp zatčen římskými úřady a stál před guvernérem, nezapřel svou víru.

"Nechci vás znemožnit. Nařiďte, aby byli tito křesťané zabiti a já vás propustím. Zatraťte Krista!"

"Byl jsem jeho služebníkem osmdesát šest let a on mi neudělal nic špatného. Jak se mohu rouhat svému Králi, který mě spasil?"

Pokusili se jej upálit k smrti, ale protože to nevyšlo, zemřel Polykarp, biskup ze Smyrny, jako mučedník potom, co byl ubodán k smrti. Když se mnoho dalších křesťanů stalo svědky Polykarpovy demonstrace víry a jeho mučednictví nebo o tom slyšeli, nadchli se pro Ježíše Krista o to víc a vybrali si sami cestu mučednictví.

Dobře si rozmyslete, Izraelci, co s těmi lidmi chcete udělat. Před nedávnem povstal Theudas a tvrdil, že je Vyvolený; přidalo se k němu asi čtyři sta mužů. Když byl zabit, byli všichni jeho stoupenci rozprášeni a nakonec z toho nebylo nic. Po něm povstal ve dnech soupisu Judas Galilejský a strhl za sebou lid; také on zahynul a jeho stoupenci byli rozehnáni. Proto vám teď radím: Nechte tyto lidi a propusťte je. Pochází-li tento záměr a toto dílo z lidí, rozpadne se samo; pochází-li z Boha, nebudete moci ty lidi vyhubit – nechcete přece bojovat proti Bohu (Skutky 5:35-39).

Jak uznávaný Gamaliel výše vyzýval a upozorňoval izraelský lid, nemohlo se evangelium Ježíše Krista, který přišel od samotného Boha, rozpadnout. Nakonec v roce 313 po Kristu císař Konstantin uznal křesťanství jako oficiální náboženství své říše a evangelium Ježíše Krista se tak začalo kázat po celém světě.

Svědectví o Ježíši zaznamenané v Pilátově zprávě

Mezi historickými dokumenty z dob římské říše existuje rukopis o Ježíšově vzkříšení, který napsal a poslal císaři Pontius Pilát, římský správce provincie Judea v Ježíšově době.

Následuje výňatek o události vzkříšení Ježíše z "Pilátovy zprávy Caesarovi o zatčení, procesu a ukřižování Ježíše," která se v současné době nachází v Hagia Sophia v Istanbulu, v Turecku:

Několik dnů potom, co byla hrobka nalezena prázdná, prohlašovali jeho učedníci po celé zemi, že Ježíš vstal z mrtvých, jak předpověděl. To způsobilo ještě větší pozdvižení než samotné ukřižování. Co se týče této pravdy, nemohu to říct jistě, ale provedl jsem v této záležitosti šetření; takže si to sám můžete prověřit a uvidíte, zda jsem se dopustil chyby, jak říká Herodes.

Josef pohřbil Ježíše ve svém vlastním hrobě. Zda měl v úmyslu jeho vzkříšení nebo ho zamýšlel dát jinam, nemohu říci. Den poté, co byl pohřben, přišel do pretoria jeden z kněžích a řekl, že jsou znepokojeni tím, že jeho učedníci zamýšlejí ukrást

Ježíšovo tělo a skrýt ho a potom ukázat, že vstal z mrtvých, jak předpověděl a o čemž oni byli naprosto přesvědčeni.

Poslal jsem ho ke kapitánovi královské stráže (Malcus), aby mu řekl, že má vzít židovské vojáky a rozmístit jich kolem hrobky tolik, kolik bude zapotřebí; aby kdyby se cokoliv stalo, mohli obviňovat sami sebe, ale ne Římany.

Když okolo nalezení prázdného hrobu povstalo veliké pozdvižení, pocítil jsem hlubší znepokojení a zájem než do té doby. Poslal jsem pro toho muže Islama, který mi vše popsal tak, abych si mohl uvědomit následující okolnosti. Nad hrobkou viděli měkké a překrásné světlo. On si nejprve myslel, že ženy přišly nabalzamovat Ježíšovo tělo, jak bylo jejich zvykem, ale nemohl pochopit, jak se dostaly přes stráže. Zatímco o tom přemýšlel, spatřil, jak se celé místo rozzářilo a zdálo se, že se zde objevily zástupy mrtvých ve svých pohřebních šatech.

Všichni vypadali, jako když křičí a byli ve vytržení, zatímco všude okolo hrála ta nejkrásnější hudba, jakou kdy slyšel a celý prostor se zdál naplněn hlasy chválícími Boha. Celou tu dobu to tam vypadalo, jakoby se země točila a plavala, takže mu to působilo zvedání žaludku a závratě a nemohl stát na nohou. Řekl, že se zdálo, jakoby země pod ním plavala a jeho smysly ho opustily, takže přesně neví, co se přihodilo.

Jak čteme v Matoušovi 27:51-53, *"A hle, chrámová opona*

se roztrhla v půli odshora až dolů, země se zatřásla, skály pukaly, hroby se otevřely a mnohá těla zesnulých svatých byla vzkříšena; vyšli z hrobů a po jeho vzkříšení vstoupili do svatého města a mnohým se zjevili," římští strážci vydali shodná svědectví.

Po zaznamenání svědectví římských strážců, kteří se stali svědky duchovního fenoménu, Pilát poznamenal na konec své zprávy: "Jsem téměř připraven říci: 'On byl vskutku Boží Syn.'"

Nespočet svědků Pána Ježíše Krista

Svědectví evangelia Ježíše Krista nenesli pouze Ježíšovi učedníci, kteří mu sloužili během jeho veřejného působení. Zrovna jako Ježíš řekl v Janovi 14:13: *"A začkoli budete prosit ve jménu mém, učiním to, aby byl Otec oslaven v Synu,"* nespočet svědků dostalo od jeho vzkříšení a nanebevstoupení od Boha odpovědi na své modlitby a svědčilo o živém Bohu a Pánu Ježíši Kristu

Ale dostanete sílu Ducha svatého, který na vás sestoupí, a budete mi svědky v Jeruzalémě a v celém Judsku, Samařsku a až na sám konec země (Skutky 1:8).

Já osobně jsem přijal Pána potom, co jsem byl Boží mocí uzdraven ze všech svých nemocí, proti nimž byla lékařská věda zcela bezmocná. Později jsem byl pomazán k tomu, abych se stal služebníkem Pána Ježíše Krista a kázal všem lidem evangelium a projevoval znamení a zázraky.

Jak je zaslíbeno ve verších výše, mnoho lidí dostává Ducha svatého a stává se Božími dětmi, které zasvěcují své životy kázání evangelia Ježíše Krista díky síle Ducha svatého. Takto se evangelium šíří do celého světa a nespočet lidí se dnes setkává s živým Bohem a přijímá Ježíše Krista.

Jděte do celého světa a kažte evangelium všemu stvoření. Kdo uvěří a přijme křest, bude spasen; kdo však neuvěří, bude odsouzen. Ty, kdo uvěří, budou provázet tato znamení: Ve jménu mém budou vyhánět démony a mluvit novými jazyky; budou brát hady do ruky, a vypijí-li něco smrtícího, nic se jim nestane; na choré budou vzkládat ruce a uzdraví je (Marek 16:15-18).

Chrám Božího hrobu na Golgotě, pahorku křížové cesty,
v Jeruzalémě

Kapitola 2

Mesiáš seslaný Bohem

Bůh slibuje Mesiáše

Izrael často ztrácel suverenitu a musel trpět invazemi a nadvládou například Peršanů a Římanů. Prostřednictvím svých proroků dával Bůh velmi mnoho zaslíbení o Mesiáši, který měl přijít jako Král Izraele. Pro trpící Izraelity tak nemohly existovat větší zdroje naděje než Boží zaslíbení o Mesiáši.

Neboť se nám narodí dítě, bude nám dán syn, na jehož rameni spočine vláda a bude mu dáno jméno: "Divuplný rádce, Božský bohatýr, Otec věčnosti, Vládce pokoje." Jeho vladařství se rozšíří a pokoj bez konce spočine na trůně Davidově a na jeho království. Upevní a podepře je právem a spravedlností od toho času až navěky. Horlivost Hospodina zástupů to učiní (Izajáš 9:5-6).

Hle, přicházejí dny, je výrok Hospodinův, kdy Davidovi vzbudím výhonek spravedlivý. Kralovat bude jako král a bude prozíravý a bude v zemi uplatňovat právo a spravedlnost. V jeho dnech dojde Judsko spásy a Izrael bude přebývat v bezpečí. A nazvou ho tímto jménem: "Hospodin – naše spravedlnost" (Jeremiáš 23:5-6).

Rozjásej se, sijónská dcero, dcero jeruzalémská, propukni v hlahol! Hle, přichází k tobě tvůj král, spravedlivý a zachráněný, pokořený, jede na oslu, na oslátku, osličím mláděti. "Vymýtím vozy z Efrajima a z Jeruzaléma koně; válečný luk bude vymýcen." Vyhlásí pronárodům pokoj; jeho vláda bude od moře k moři od Řeky až do dálav země (Zacharjáš 9:9-10).

Izrael čeká na Mesiáše bez ustání až do dnešního dne. Co zdržuje příchod Mesiáše, kterého Izrael tak nedočkavě očekává a s kterým počítá? Mnoho Židů chce na tuto otázku odpověď, ale odpověď lze najít pouze ve skutečnosti, že nevědí, že Mesiáš už přišel.

Mesiáš Ježíš trpěl přesně tak, jak prorokoval Izajáš

Mesiášem, kterého Bůh slíbil Izraeli a opravdu ho poslal, je Ježíš. Ježíš se narodil v Betlémě v Judeji před nějakými dvěma tisíci lety a když nadešla jeho hodina, zemřel na kříži, byl vzkříšen a otevřel celému lidstvu cestu ke spasení. Židé žijící v té době však neuznali Ježíše jako Mesiáše, na kterého tak toužebně čekali. To proto, že Ježíš vypadal úplně jinak, než byla jejich představa Mesiáše, se kterým počítali.

Židé byli vyčerpaní dlouhými obdobími koloniální nadvlády a očekávali silného Mesiáše, který je vysvobodí z jejich politického sporu. Mysleli si, že Mesiáš přijde jako Král Izraele, učiní přítrž všem válkám, vysvobodí je od pronásledování a útlaku, dá jim opravdový mír a vyvýší je nade všechny národy.

Ježíš však nepřišel na tento svět v nádheře a majestátu jako příslušník královské rodiny, ale narodil se jako syn chudého tesaře. Ani nepřišel Izrael osvobodit od římského útlaku nebo obnovit jeho dřívější slávu. Přišel na tento svět obnovit lidstvo, které bylo od Adamova hříchu odsouzeno ke zkáze a učinit z lidí Boží děti.

Z těchto důvodů Židé neuznali Ježíše jako Mesiáše a místo toho ho ukřižovali. Jestliže však budeme studovat obraz Mesiáše, jak je zaznamenán v Bibli, budeme moci pouze potvrdit skutečnost, že Mesiášem je opravdu Ježíš.

Vyrostl před ním jako proutek, jak oddenek z vyprahlé země, neměl vzhled ani důstojnost. Viděli jsme ho, ale byl tak nevzhledný, že jsme po něm nedychtili. Byl v opovržení, kdekdo se ho zřekl, muž plný bolesti, zkoušený nemocemi, jako ten, před nímž si člověk zakryje tvář, tak opovržený, že jsme si ho nevážili (Izajáš 53:2-3).

Bůh sdělil Izraelitům, že Mesiáš, král Izraele, nebude mít vzhled ani důstojnost ani nebude vypadat přitažlivě, ale namísto toho jím lidé budou opovrhovat a zřeknou se ho. A přece Izraelité selhali a nepoznali v Ježíšovi Mesiáše, kterého jim Bůh zaslíbil.

Boží vyvolení Izraelité jím opovrhli a zřekli se ho, ale Bůh poslal Ježíše Krista pro všechny národy a k dnešnímu dni ho přijal jako svého Spasitele bezpočet lidí.

Jak je napsáno v Žalmu 118:22-23: *"Kámen, jejž zavrhli stavitelé, stal se kamenem úhelným. Stalo se tak skrze Hospodina, tento div se udál před našimi zraky,"* prozíravosti spasení lidstva bylo dosaženo skrze Ježíše, kterého Izrael opustil.

Ježíš neměl takový vzhled, jaký izraelský lid u Mesiáše očekával, ale my musíme pochopit, že Ježíš je Mesiáš, kterého Bůh předpovídal skrze své proroky.

Všechno včetně slávy, pokoje a obnovy, které nám Bůh skrze Mesiáše zaslíbil, přísluší k duchovnímu světu a Ježíš, který přišel na tento svět splnit úkol Mesiáše, řekl: *"Moje království není z tohoto světa"* (Jan 18:36).

Mesiáš, kterého Bůh prorokoval, nebyl králem s pozemskou mocí a slávou. Mesiáš nepřišel na tento svět, aby si Boží děti mohly užívat bohatství, moci a poct během svého dočasného života na tomto světě. Přišel, aby spasil svůj lid z jeho hříchů a vedl jej k tomu, aby se těšil z věčné radosti a slávy v nebi navěky věků.

V onen den budou pronárody vyhledávat kořen Jišajův, vztyčený jako korouhev národům, a místo jeho odpočinutí bude slavné (Izajáš 11:10).

Zaslíbený Mesiáš neměl přijít pouze pro Boží vyvolené, Izraelity, ale také naplnit příslib spasení pro všechny, kdo přijmou Boží příslib o Mesiáši vírou a budou následovat kroky Abrahamovy víry. Zkrátka a dobře, Mesiáš měl přijít naplnit Boží příslib spasení jako Spasitel všech národů země.

Potřeba Spasitele pro celé lidstvo

Proč měl Mesiáš přijít na tento svět nejen kvůli spasení izraelského lidu, ale také kvůli spasení celého lidstva?

V Genesis 1:28 Bůh požehnal Adamovi a Evě a řekl jim: *"Ploďte a množte se a naplňte zemi. Podmaňte ji a panujte nad mořskými rybami, nad nebeským ptactvem, nade vším živým, co se na zemi hýbe."*

Potom, co Bůh stvořil prvního člověka Adama a ustanovil ho pánem nade vším ostatním stvořením, dal člověku moc "podmanit" zemi a "panovat nad" zemí. Ale když Adam pojedl ze stromu poznání dobrého a zlého, což mu Bůh konkrétně zakázal, a dopustil se hříchu neposlušnosti, když podlehl pokušení hada navedeného satanem, nemohl se již déle těšit takovéto moci.

Když Adam a Eva poslouchali Boží slovo spravedlnosti, byli vázáni k spravedlnosti a těšili se moci, kterou jim Bůh dal, ale potom, co zhřešili, stali se otroky hříchu a ďábla a byli nuceni se moci vzdát (Římanům 6:16). A tak byla veškerá moc, kterou Adam od Boha obdržel, předána ďáblovi.

V Lukášovi ve 4. kapitole ďábel třikrát pokoušel Ježíše, který zrovna dokončil čtyřicetidenní půst. Ďábel ukázal Ježíši všechna království světa a řekl mu: *"Tobě dám všechnu moc i slávu těch království, poněvadž mně je dána, a komu chci, tomu ji dám: Budeš-li se mi klanět, bude to všechno tvé"* (Lukáš 4:6-7). Ďábel naznačuje, že "moc a sláva" všech království "mně je dána" od Adama a ďábel ji může rovněž dát, komu bude chtít.

Ano, Adam ztratil veškerou moc a předal ji ďáblu a v důsledku toho se stal otrokem ďábla. Od té doby Adam pod kontrolou ďábla přidával hřích k hříchu a byl postaven na stezku smrti, která je mzdou hříchu. To se nezastavilo u Adama, ale zasáhlo to všechny jeho potomky, kteří měli zdědit Adamův prvotní hřích skrze dědičné dispozice. Byli rovněž postaveni pod moc hříchu ovládanou ďáblem a satanem a předurčeni k smrti.

To objasňuje nutnost příchodu Mesiáše. Nejen Boží vyvolení Izraelité, ale rovněž všichni lidé na světě potřebovali Mesiáše, který by byl schopen je osvobodit od moci ďábla a satana.

Předpoklady Mesiáše

Zrovna jako existují zákony na tomto světě, existují pravidla a předpisy také v duchovním světě. Zda člověk propadne smrti nebo získá odpuštění svých hříchů a dosáhne spasení, záleží na zákonu duchovního světa.

Jaké předpoklady musí osoba splňovat, aby se stala Mesiášem, který spasí celé lidstvo z prokletí zákona?

Nařízení týkající se předpokladů Mesiáše lze nalézt v zákoně, který dal Bůh svým vyvoleným. Zákon se zabýval vykoupením země.

Země nesmí být prodávána bez práva na zpětnou koupi, neboť země je má. Vy jste u mne jen hosté a přistěhovalci. Proto po celé zemi, jež bude vaším vlastnictvím, zajistíte možnost zemi vyplatit. Když tvůj bratr zchudne a odprodá něco ze svého vlastnictví, přijde k němu jeho příbuzný jako zastánce a vyplatí, co jeho bratr prodal (Leviticus 25:23-25).

Právo vykoupení země v sobě obsahuje tajemství předpokladů Mesiáše

Boží vyvolení Izraelité dodržovali zákon. A tak se během

transakce prodeje a koupě země striktně drželi práva vykoupení země, které je zaznamenáno v Bibli. Na rozdíl od práva týkajícího se země v jiných zemích izraelské právo ve smlouvě jasně stanovovalo, že země se neprodává natrvalo, ale může být později koupena zpět. To zajišťuje, že bohatý příbuzný zastánce může zemi vykoupit pro člena své rodiny, který zemi prodal. Jestliže osoba nemá žádného příbuzného zastánce, který by byl dostatečně bohatý, aby mohl zemi vykoupit, ale znovu nabyla dostatek prostředků pro vykoupení země, umožňuje právo původnímu vlastníkovi země vykoupit ji pro sebe zpět.

Jak tedy právo vykoupení země zaznamenané v Leviticu souvisí s předpoklady Mesiáše?

Abychom tomu mohli lépe porozumět, musíme si uvědomit skutečnost, že člověk byl učiněn z prachu země. V Genesis 3:19 řekl Bůh Adamovi: *"V potu své tváře budeš jíst chléb, dokud se nenavrátíš do země, z níž jsi byl vzat. Prach jsi a v prach se navrátíš."* A v Genesis 3:23 pak čteme: *"Proto jej Hospodin Bůh vyhnal ze zahrady v Edenu, aby obdělával zemi, z níž byl vzat."*

Bůh řekl Adamovi: "Prach jsi" a "země" v duchovním pojetí znamená, že člověka učinil z prachu země. Takže právo vykoupení země co se týče jejího prodeje a koupě přímo souvisí se zákonem duchovního světa ohledně spasení lidstva.

Podle práva vykoupení země Bůh vlastní celou zemi a žádný člověk ji nemůže natrvalo prodat. Ze stejného důvodu veškerá moc, kterou Adam od Boha obdržel, původně patřila Bohu a nikdo ji tak nemohl získat natrvalo. Pokud někdo zchudnul a zemi prodal, měla být země vykoupena, když se objevil vhodný člověk. Podobně musel ďábel vrátit moc, která mu byla předána od Adama, když se objevil jedinec, který mohl tuto moc vykoupit.

Na základě práva vykoupení země připravil Bůh lásky a spravedlnosti jedince, který mohl získat zpět veškerou moc, kterou Adam předal ďáblu. Tímto jedincem je Mesiáš a Mesiášem je Ježíš Kristus, který byl připraven od věčnosti a kterého poslal Bůh samotný.

Předpoklady Spasitele a jak je splňuje Ježíš Kristus

Prozkoumejme nyní na základě práva vykoupení země, proč je Ježíš Mesiášem a Spasitelem celého lidstva.

Za prvé, zrovna jako vykupitel země musí být příbuzný, Spasitel musí být rovněž člověk, aby mohl vykoupit lidstvo z jeho hříchů, protože celé lidstvo se stalo hříšníky skrze hřích prvního člověka Adama. Leviticus 25:25 nám říká: *"Když tvůj bratr zchudne a odprodá něco ze svého vlastnictví, přijde k němu jeho příbuzný jako zastánce a vyplatí, co jeho bratr prodal."* Jestliže si člověk nemohl déle dovolit podržet svou zemi a prodal ji, jeho nejbližší příbuzný mohl zemi vyplatit. Ze stejného důvodu, protože první člověk Adam zhřešil a musel předat moc, kterou mu Bůh dal, ďáblu, vykoupení moci předané ďáblovi může a musí uskutečnit jedině člověk, Adamův "příbuzný zastánce."

Jak nalézáme v 1 Korintským 15:21: *"A jako vešla do světa*

smrt skrze člověka, tak i zmrtvýchvstání," Bible nám znovu potvrzuje, že vykoupení hříšníků nemohou provést ani andělé ani zvířata, ale pouze člověk. Lidstvo bylo postaveno na stezku smrti kvůli hříchu Adama, prvního člověka, a někdo jiný musel zase lidi vykoupit z jejich hříchů. Toto mohl učinit pouze člověk, Adamův "příbuzný zastánce."

Ačkoliv Ježíš coby Boží Syn vlastnil přirozenost lidskou stejně jako přirozenost božskou, narodil se jako lidská bytost, aby vykoupil lidstvo z jeho hříchů (Jan 1:14) a zakusil tak růst. Stejně jako lidská bytost Ježíš spal a pociťoval hlad a žízeň, radost i smutek. Když byl Ježíš pověšen na kříž, krvácel a cítil bolest s tím spojenou.

I v historickém kontextu existuje jeden nepopiratelný důkaz potvrzující skutečnost, že Ježíš přišel na tento svět jako lidská bytost. S narozením Ježíše jako vztažným bodem se dějiny světa rozdělují na dvě části: "B.C." a "A.D." "B.C." nebo "Before Christ" ("Před Kristem") se vztahuje na období před narozením Ježíše a "A.D." nebo "Anno Domini" ("Léta Páně") se týká éry od narození Ježíše. Tato skutečnost potvrzuje, že Ježíš přišel na tento svět jako člověk. A tak Ježíš splňuje první předpoklad Spasitele.

Za druhé, zrovna jako vykupitel země nemohl vykoupit zemi, pokud byl chudý, nemohl vykoupit lidstvo z jeho hříchů Adamův potomek, protože Adam zhřešil a všichni jeho potomci se rodí s prvotním hříchem. Člověk, který měl spasit celé lidstvo, nesměl být Adamův potomek.

Jestliže by bratr chtěl splatit dluh své sestry, on sám nesmí mít žádný dluh. Stejně tak člověk, který má vykoupit druhé z jejich hříchů, musí být rovněž sám bez hříchu. Pokud by byl vykupitel hříšný, byl by sám otrokem hříchu. Jak by potom mohl vykoupit ostatní z jejich hříchů?

Potom, co se Adam dopustil hříchu neposlušnosti, všichni jeho potomci se rodí s prvotním hříchem. A tak žádný Adamův potomek nemůže být nikdy Spasitel.

Z pozemského hlediska je Ježíš Davidův potomek a jeho rodiče jsou Josef a Marie. Matouš 1:20 nám však říká: *"Neboť co v ní bylo počato, je z Ducha svatého."*

Důvod, proč se každý člověk rodí s prvotním hříchem, je ten, že zdědí hříšné vlastnosti svých rodičů prostřednictvím otcovy spermie a matčina vajíčka. Avšak Ježíš nebyl počat z Josefovy spermie a Mariina vajíčka, ale z moci Ducha svatého. To proto, že Marie otěhotněla předtím, než spolu spali. Jedině všemohoucí Bůh může způsobit, že je dítě počato z moci Ducha svatého bez spojení spermie a vajíčka.

Ježíš si pouze "vypůjčil" tělo panny Marie. Protože byl počat z moci Ducha svatého, Ježíš nezdědil žádné vlastnosti hříšníků. Jelikož Ježíš není Adamovým potomkem a je bez prvotního hříchu, vyhovuje rovněž druhému předpokladu Spasitele.

Za třetí, zrovna jako musí být vykupitel země dostatečně bohatý, aby zemi vykoupil, Spasitel celého lidstva musí mít moc, aby porazil ďábla a spasil před ním celé lidstvo.

Leviticus 25:26-27 nám říká: *"Kdyby někdo neměl zastánce, ale byl by potom sám schopen opatřit si potřebné výplatné, sečte léta od doby prodeje, proplatí zbytek tomu, komu prodal, a vrátí se ke svému vlastnictví."* Jinými slovy, aby člověk vyplatil zemi, musí mít k tomu "výplatné."

Záchrana válečných vězňů vyžaduje, aby jedna strana měla moc porazit nepřítele a splacení dluhu druhých vyžaduje, aby měl jedinec finanční prostředky. Ze stejného důvodu vysvobození celého lidstva z moci ďábla vyžaduje, aby měl Spasitel moc porazit ďábla a zachránit před ním lidstvo.

Před tím, než Adam zhřešil, měl moc vládnout nade vším stvořením, ale potom, co zhřešil, se on sám stal předmětem ďáblovy moci. Z tohoto můžeme vyvodit, že moc porazit ďábla pochází z bezhříšnosti.

Ježíš, Boží Syn, byl zcela bez hříchu. Protože byl počat z Ducha svatého a není Adamovým potomkem, byl bez prvotního hříchu. Navíc, poněvadž Ježíš po celý svůj život bezvýhradně dodržoval Boží zákon, nedopustil se žádného hříchu. Z tohoto důvodu řekl apoštol Petr, že Ježíš *"hříchu neučinil a v jeho ústech nebyla nalezena lest. Když mu spílali, neodplácel spíláním; když trpěl, nehrozil, ale vkládal vše do rukou toho, jenž soudí spravedlivě"* (1 Petrův 2:22-23).

Protože byl bez hříchu, měl Ježíš moc a autoritu porazit ďábla a měl moc spasit lidstvo před ďáblem. Svědčí o tom jeho nesčetné projevy zázračných znamení a zázraků. Ježíš uzdravoval nemocné, vyháněl z lidí démony, navracel slepým zrak, hluchým sluch a chromí na jeho pokyn vstávali a chodili. Ježíš dokonce utišil zuřivé moře a oživil mrtvého.

Skutečnost, že Ježíš byl bez hříchu, byla znovu potvrzena mimo jakoukoliv pochybnost jeho vzkříšením. Podle zákona duchovního světa hříšníci musí čelit smrti (Římanům 6:23). Protože byl ale Ježíš bez hříchu, nebyl postaven pod moc smrti. Vydechl naposledy na kříži a jeho tělo bylo pohřbeno do hrobu, třetího dne však byl vzkříšen.

Pamatujte si, že tak velcí otcové víry jako byli Henoch a Eliáš, byli vzati do nebe živí, aniž by čelili smrti, protože byli bez hříchu a stali se zcela posvěcenými. Podobně Ježíš třetí den potom, co byl pohřben, rozbil moc ďábla a satana skrze vzkříšení a stal se Spasitelem celého lidstva.

Za čtvrté, zrovna jako vykupitel země musí mít lásku, aby vykoupil zemi pro svého příbuzného, Spasitel lidstva musí mít rovněž lásku, díky které by mohl položit svůj život za druhé.

I když by Spasitel vyhověl prvním třem předpokladům uvedeným dříve, ale neměl by lásku, nemohl by se stát Spasitelem celého lidstva. Dejme tomu, že bratr má dluh $100 000 a jeho sestra je multimilionářka. Bez lásky sestra nesplatí dluh svého bratra a její nesmírné bohatství v tomto případě pro jejího bratra nic neznamená.

Ježíš přišel na tento svět jako lidská bytost, nebyl Adamovým potomkem a měl moc porazit ďábla a spasit před ním lidstvo, protože byl bez jediného hříchu. Nicméně, kdyby mu chyběla láska, Ježíš by nemohl vykoupit lidstvo z jeho hříchů. "Ježíšovo vykoupení lidstva z jeho hříchů" znamená, že za něj musel být potrestán smrtí. Aby Ježíš vykoupil lidstvo z jeho hříchů, musel být ukřižován jako jeden z nejohavnějších hříšníků na tomto světě, trpět různými druhy pohrdání a prolít všechnu svou krev a vodu až k smrti. Protože však Ježíš choval k celému lidstvu velmi vřelou lásku a byl ochotný vykoupit lidstvo z jeho hříchů, trestem ukřižování se neznepokojoval.

Proč tedy musel být Ježíš pověšen na dřevěný kříž a prolít svou krev až k smrti? Jak nám říká Deuteronomium 21:23: *"Ten, kdo byl pověšen [na kůlu], je zlořečený Bohem,"* a podle zákona duchovního světa předepisujícího, že "Mzdou hříchu je smrt," byl Ježíš pověšen na dřevěný kříž, aby vykoupil celé lidstvo z kletby hříchu, kterou bylo svázáno.

Navíc, jak čteme v Leviticu 17:11: *"V krvi je život těla. Já jsem vám ji určil na oltář k vykonávání smírčích obřadů za vaše životy. Je to krev; pro život, který je v ní, se získává smíření,"* bez prolití krve neexistuje žádné odpuštění.

Samozřejmě, že Leviticus nám říká, že Bohu mohla být místo krve zvířat obětována prvotřídní mouka. Toto opatření však platilo pouze pro ty, kdo si nemohli dovolit obětovat zvířata. To nebyl druh obětování krve, který se Bohu líbil. Ježíš nás vykoupil z našich hříchů tím, že byl pověšen na dřevěný kříž a vykrvácel na něm až k smrti.

Jak úžasná je Ježíšova láska, když prolil svou krev na kříži a otevřel cestu ke spasení pro ty, kdo jím opovrhovali a ukřižovali ho, třebaže uzdravoval lidi z rozličných nemocí, rozvazoval pouta špatnosti a konal pouze dobro?

Na základě práva vykoupení země soudíme, že pouze Ježíš splňuje předpoklady Spasitele, který může vykoupit lidstvo z jeho hříchů.

Cesta ke spasení lidstva připravená od věčnosti

Cestu ke spasení lidstva otevřel Ježíš tím, že zemřel na kříži, byl třetího dne po svém pohřbu vzkříšen a rozbil moc smrti. Ježíšův příchod na tento svět, aby naplnil prozíravost spasení lidstva a stal se Mesiášem lidstva, byl předpovězen v té samé chvíli, když zhřešil Adam.

V Genesis 3:15 řekl Bůh hadovi, který svedl ženu ke hříchu: *"Mezi tebe a ženu položím nepřátelství, i mezi símě tvé a símě její. Ono ti rozdrtí hlavu a ty jemu rozdrtíš patu."* "Žena" zde v duchovním slova smyslu symbolizuje Bohem vyvolený Izrael a "had" znamená nepřítele ďábla a satana, který stojí proti Bohu. To, že símě "ženy" "rozdrtí [hadovi] hlavu," znamená, že Spasitel lidstva přijde mezi Izraelity a porazí moc smrti nepřítele ďábla.

Jakmile bude hadova hlava zraněna, stane se bezmocným. Stejně tak, když Bůh řekl hadovi, že símě ženy rozdrtí hadovi hlavu, prorokoval, že Kristus pro lidstvo se narodí v Izraeli, zničí moc ďábla a satana a spasí hříšníky svázané jeho mocí.

Protože si toho byl ďábel vědom, usiloval o to zabít símě ženy předtím, než mohlo poškodit jeho hlavu. Takto ďábel uvěřil, že by si mohl navždy užívat moci mu předané od neposlušného Adama, jen kdyby zabil símě ženy. Nepřítel ďábel však nevěděl, kdo símě ženy bude, a tak začal intrikovat a zabíjet Boží věrné a milované proroky už od starozákonní doby.

Když se narodil Mojžíš, nepřítel ďábel podnítil egyptského faraóna, aby zabil všechny děti mužského pohlaví, které se narodily izraelským ženám (Exodus 1:15-22) a když přišel na tento svět v těle Ježíš, pohnul srdcem krále Heroda a nechal ho zabít všechny děti mužského pohlaví do dvou let věku, které se nacházely v Betlémě a jeho blízkém okolí. Z tohoto důvodu Bůh působil ve prospěch Ježíšovy rodiny a vedl ji k tomu, aby uprchla do Egypta.

Potom Ježíš vyrůstal pod ochranou samotného Boha a začal svou službu ve věku 30ti let. Podle Boží vůle prošel skrz naskrz celou Galileou, vyučoval v synagogách, uzdravoval všechny druhy chorob a všemožné nemoci mezi lidmi, křísil mrtvé k životu a kázal chudým evangelium o nebeském království.

Ďábel a satan podnítil nejvyšší kněze, zákoníky a farizeje a začal kout pikle, jak skrze ně Ježíše zabít. Ale ti zlí se nemohli Ježíše ani dotknout, dokud nepřišel čas, který si Bůh sám zvolil. Až před koncem Ježíšovy tříleté služby jim Bůh dovolil Ježíše zatknout a ukřižovat, aby se prostřednictvím Ježíšova ukřižování naplnila prozíravost spasení lidstva.

Pod tlakem Židů odsoudil římský správce Pontius Pilát Ježíše k ukřižování, a tak římští vojáci korunovali Ježíše trnovou korunou a přibili ho na kříž skrze nohy a ruce.

Ukřižování bylo jednou z nejkrutějších metod popravy zločince. Když ďábel uspěl v tom, že nechal zlé lidi ukřižovat Ježíše tímto krutým způsobem, musel z toho mít obrovskou radost! Očekával, že nikdo a nic jiného nebude moci zabránit jeho vládě nad světem a za doprovodu tance zpíval písně radosti. Ale v tom měla být zjevena Boží prozíravost.

Nýbrž moudrosti Boží, skryté v tajemství, kterou Bůh od věčnosti určil pro naše oslavení. Tu moudrost nikdo z vládců tohoto věku nepoznal; neboť kdyby ji byli poznali, nebyli by ukřižovali Pána slávy (1 Korintským 2:7-8).

Protože Bůh je spravedlivý, neuplatňuje absolutní autoritu až do bodu porušení zákona, ale dělá všechno v souladu se zákonem duchovního světa. A tak připravil cestu ke spasení lidstva v souladu s Božím zákonem ještě před věčností.

Podle zákona duchovního světa, který říká "mzdou hříchu je smrt" (Římanům 6:23), tak jestliže jedinec nehřeší, nemůže dospět k smrti. Nicméně, ďábel ukřižoval nevinného Ježíše bez hříchu a bez poskvrny. Ďábel proto přestoupil zákon duchovního světa a musel zaplatit takovým trestem, že vrátil zpět moc, kterou mu předal Adam potom, co se dopustil hříchu neposlušnosti. Jinými slovy, ďábel byl nyní donucen k tomu, aby se vzdal svého vlivu na všechny lidi, kteří přijmou Ježíše jako svého Spasitele a uvěří v jeho jméno.

Kdyby měl nepřítel ďábel tuto Boží moudrost, nebyl by

ukřižoval Ježíše. Protože však neměl o tomto tajemství ani potuchy, nechal zabít Ježíše, který byl bez hříchu a pevně věřil tomu, že to navždy zajistí jeho vládu nad světem. Ve skutečnosti se ale ďábel chytil do své vlastní pasti a skončil tak, že přestoupil zákon duchovního světa. Jak úžasná je Boží moudrost!

Pravdou je, že se nepřítel ďábel stal nástrojem v naplňování Boží prozíravosti spasení lidstva a jak je prorokováno v Genesis, jeho hlavu "rozdrtilo" símě ženy.

Díky Boží prozíravosti a moudrosti zemřel Ježíš, který byl bez hříchu, aby vykoupil celé lidstvo z jeho hříchů a díky vzkříšení třetího dne rozbil moc smrti nepřítele ďábla a stal se tak Králem králů a Pánem pánů. Otevřel tím dveře ke spasení, takže my můžeme být nyní ospravedlněni skrze víru v Ježíše Krista.

Proto bylo skrze víru v Ježíše Krista spaseno v celé historii lidstva bezpočet lidí a ještě více jich přijímá Pána Ježíše Krista dnes.

Získání Ducha svatého skrze víru v Ježíše Krista

Proč získáváme spasení, když uvěříme v Ježíše Krista? Když přijmeme Ježíše Krista jako svého Spasitele, dostaneme od Boha Ducha svatého. Když obdržíme Ducha svatého, je náš duch, který byl mrtvý, oživen. Protože Duch svatý je moc a srdce Boha, vede Boží děti k pravdě a pomáhá jim žít podle Boží vůle.

A tak ti, kdo opravdu věří, že Ježíš Kristus je jejich Spasitel, budou následovat touhy Ducha svatého a usilovat o to, aby žili podle Božího slova. Budou se zbavovat nenávisti, prchlivosti, žárlivosti, závisti, souzení a odsuzování druhých a cizoložství a namísto toho chodit v dobrotě a pravdě a rozumět druhým, sloužit jim a milovat je.

Jak bylo zmíněno dříve, když první člověk Adam zhřešil tím, že pojedl ze stromu poznání dobrého a zlého, duch v člověku zemřel a člověk byl postaven na stezku zkázy. Ale když získáme Ducha svatého, je náš mrtvý duch oživen a do té míry, do jaké vyhledáváme touhy Ducha svatého a chodíme v Božím slově pravdy, se postupně stáváme lidmi pravdy a znovu získáváme ztracený Boží obraz.

Když chodíme v Božím slově pravdy, naše víra bude uznána jako "opravdová víra," a protože naše hříchy budou Ježíšovou krví očištěny podle našich skutků víry, můžeme získat spasení. Z tohoto důvodu nám 1 Janův 1:7 říká: *"Jestliže však chodíme v světle, jako on [Bůh] je v světle, máme společenství mezi sebou a krev Ježíše, jeho Syna, nás očišťuje od každého hříchu."*

Takto dosáhneme spasení vírou potom, co získáme odpuštění našich hříchů. Nicméně, pokud chodíme v hříchu navzdory svému vyznání víry, je toto vyznání lež, a tak nás krev našeho Pána Ježíše Krista nemůže vykoupit z našich hříchů ani nám on sám nemůže zaručit spasení.

Samozřejmě, že je to jiné u lidí, kteří Ježíše Krista právě přijali. Třebaže ještě nechodí v pravdě, Bůh bude zkoumat jejich srdce, věřit, že budou proměněni a vést je ke spasení, když se budou snažit postupovat směrem k pravdě.

Ježíš naplňuje proroctví

Boží slovo o Mesiáši prorokované skrze proroky, naplnil Ježíš. Každý aspekt Ježíšova života, od jeho narození a služby k jeho ukřižování, smrti a vzkříšení se uskutečnil v rámci Boží prozíravosti pro něj, aby se stal Mesiášem a Spasitelem celého lidstva.

Ježíš se narodil v Betlémě z panny

Bůh prorokoval narození Ježíše skrze proroka Izajáše. V čase, který si Bůh zvolil, sestoupila moc Boha nejvyššího na cudnou ženu jménem Marie v Nazaretu v Galileji a ona brzy čekala děťátko.

Proto vám dá znamení sám Panovník: Hle, dívka počne a porodí syna a dá mu jméno Immanuel (to je S námi Bůh) (Izajáš 7:14).

Zrovna jako Bůh izraelskému lidu slíbil: "Nenastane konec linie králů v domě Davidově," způsobil, že Mesiáš vzešel z ženy jménem Marie, která se měla vdát za Josefa, potomka Davidova. Protože Adamův potomek narozený s prvotním hříchem nemohl vykoupit lidstvo z jeho hříchů, Bůh naplnil proroctví tím, že nechal pannu Marii porodit Ježíše předtím, než se ona a Josef vzali.

A ty, Betléme efratský, ačkoli jsi nejmenší mezi judskými rody, z tebe mi vzejde ten, jenž bude vládcem v Izraeli, jehož původ je odpradávna, ode dnů věčných (Micheáš 5:2).

Bible prorokovala, že se Ježíš narodí v Betlémě. Ježíš se skutečně narodil v Betlémě v Judeji za časů krále Heroda (Matouš 2:1) a historie tuto událost potvrzuje.

Když se Ježíš narodil, král Herodes se obával ohrožení své vlády a pokoušel se dát Ježíše zabít. Nicméně, protože nedokázal dítě najít, nechal král zabít všechny děti mužského pohlaví v Betlémě a celém jeho blízkém okolí do dvou let věku, a tak celý kraj zahalil pláč a smutek.

Pokud by Ježíš neměl přijít na tento svět jako pravý židovský král, proč by král obětoval tak mnoho dětí, aby zabil jedno jediné dítě? K této tragédii došlo proto, že nepřítel ďábel, který strachem bez sebe usiloval o to zabít Mesiáše, aby on sám neztratil vládu nad světem, pohnul srdcem krále Heroda, který se obával ztráty své koruny a nechal ho spáchat tuto ukrutnost.

Ježíš svědčí o živém Bohu

Před začátkem své služby Ježíš po dobu 30ti let svého života zcela dodržoval zákon. A když dostatečně zestárnul, aby se mohl stát knězem, začal uskutečňovat svou službu spočívající v tom, aby se stal Mesiášem, jak bylo naplánováno od věčnosti.

Duch Panovníka Hospodina je nade mnou. Hospodin mě pomazal k tomu, abych nesl radostnou zvěst pokorným, poslal mě obvázat rány zkroušených srdcem, vyhlásit zajatcům svobodu a vězňům propuštění, vyhlásit léto Hospodinovy přízně, den pomsty našeho Boha, potěšit všechny truchlící, pozvednout truchlící na Sijónu, dát jim místo popela na hlavu čelenku, olej veselí místo truchlení, závoj chvály místo ducha beznaděje. Nazvou je "Stromy spravedlnosti" a "Sadba Hospodinova" k jeho oslavě (Izajáš 61:1-3).

Jak vidíme v proroctví výše, Ježíš řešil všechny problémy v životě Boží mocí a utěšoval zkroušené srdcem. A když nadešel čas, který si Bůh zvolil, Ježíš přišel do Jeruzaléma, aby vytrpěl umučení.

Rozjásej se, sijónská dcero, dcero jeruzalémská, propukni v hlahol! Hle, přichází k tobě tvůj král, spravedlivý a zachráněný, pokořený, jede na oslu, na oslátku, osličím mláděti (Zacharjáš 9:9).

Podle Zacharijášova proroctví vstoupil Ježíš do města Jeruzaléma na oslátku. Zástupy volaly: *"Hosanna Synu Davidovu! Požehnaný, který přichází ve jménu Hospodinově!*

Hosanna na výsostech!" (Matouš 21:9) a po celém městě nastal rozruch. Lidé se tímto způsobem radovali, protože Ježíš projevoval taková úžasná znamení a zázraky jako chození po vodě a oživování mrtvých. Brzy ho však zástupy zradí a ukřižují ho.

Když viděli, jak veliké zástupy Ježíše následovaly, aby slyšely jeho slova plná autority a viděly projevy Boží moci, kněží, farizejové a zákoníci cítili, že jejich postavení ve společnosti je ohroženo. Bez sebe nenávistí na tohoto Ježíše se spikli, aby ho zabili. Vyrobili celou řadu falešných důkazů proti Ježíšovi a obvinili ho z klamání a podněcování lidí. Ježíš projevoval úžasné skutky Boží moci, které by nemohl předvádět, pokud by Bůh nebyl s ním, ale oni se snažili Ježíše zbavit.

Nakonec Ježíše zradil jeden z jeho učedníků a kněží mu zaplatili třicet stříbrných za to, že jim pomohl Ježíše zatknout. Zacharjášovo proroctví o třiceti stříbrných říkající: *"I vzal jsem těch třicet šekelů stříbra a hodil jsem je v Hospodinově domě tavičovi,"* bylo naplněno (Zacharjáš 11:12-13).

Později muž, který Ježíše zradil za třicet stříbrných, nedokázal přemoci pocit viny a hodil třicet stříbrných do chrámu. Kněží za ně ale koupili "pole hrnčířovo" (Matouš 27:3-10).

Umučení a Ježíšova smrt

Jak prorokoval prorok Izajáš, aby Ježíš spasil všechny lidi, musel vytrpět umučení. Protože Ježíš přišel na tento svět, aby naplnil prozíravost vykoupení svého lidu z jeho hříchů, byl pověšen a zemřel na dřevěném kříži, který byl symbolem prokletí a byl obětován Bohu jako oběť za viny lidstva.

Byly to však naše nemoci, jež nesl, naše bolesti na sebe vzal, ale domnívali jsme se, že je raněn, ubit od Boha a pokořen. Jenže on byl proklán pro naši nevěrnost, zmučen pro naši nepravost. Trestání snášel pro náš pokoj, jeho jizvami jsme uzdraveni. Všichni jsme bloudili jako ovce, každý z nás se dal svou cestou, jej však Hospodin postihl pro nepravost nás všech. Byl trápen a pokořil se, ústa neotevřel; jako beránek vedený na porážku, jako ovce před střihači zůstal němý, ústa neotevřel. Byl zadržen a vzat na soud. Kdopak pomyslí na jeho pokolení? Vždyť byl vyťat ze země živých, raněn pro nevěrnost mého lidu. Byl mu dán hrob se svévolníky, s boháčem smrt našel, ačkoli se nedopustil násilí a v jeho ústech nebylo lsti. Ale Hospodinovou vůlí bylo zkrušit ho nemocí, aby položil svůj život v oběť za vinu. Spatří potomstvo, bude dlouho živ a zdárně vykoná vůli Hospodinovu (Izajáš 53:4-10).

Ve starozákonní době se Bohu obětovala krev zvířat pokaždé, když jedinec proti Bohu zhřešil. Ale Ježíš prolil svou nevinnou krev, která neobsahovala ani prvotní hřích ani jím spáchaný hřích a "přinesl za hříchy jedinou oběť navěky," aby všichni lidé mohli získat odpuštění svých hříchů a jít cestou věčného života (Židům 10:11-12). A tak připravil cestu k odpuštění hříchů a spasení skrze víru v Ježíše Krista a my již déle nepotřebujeme obětovat krev zvířat.

Když Ježíš vydechl na kříži naposledy, chrámová opona se roztrhla v půli odshora až dolů (Matouš 27:51). Chrámová opona byla mohutná záclona oddělující svatyni od svatého místa v chrámu. Žádný obyčejný člověk nemohl na svaté místo vstoupit a pouze nejvyšší kněz pak mohl jednou za rok vstoupit do svatyně.

Skutečnost, že "chrámová opona se roztrhla v půli odshora až dolů " symbolizuje, že když Ježíš obětoval sám sebe jako oběť smíření, zničil hradbu z hříchů stojící mezi Bohem a námi. Ve starozákonní době museli nejvyšší kněží obětovat Bohu oběti za vykoupení izraelského lidu z jeho hříchů a modlili se k Bohu jménem lidu. Nyní, když byla hradba z hříchů stojící na naší cestě k Bohu zničena, můžeme s Bohem komunikovat sami. Jinými slovy, kdokoliv, kdo věří v Ježíše Krista, může nyní vstoupit do svatyně, uctívat Boha a modlit se k němu.

Proto mu dávám podíl mezi mnohými a s četnými bude dělit kořist za to, že vydal sám sebe na smrt a byl počten mezi nevěrníky. On nesl hřích mnohých, Bůh jej postihl místo nevěrných (Izajáš 53:12).

Zrovna jako prorok Izajáš zaznamenal umučení a ukřižování Mesiáše, Ježíš zemřel na kříži za hříchy všech lidí, ale byl počítán mezi nevěrníky. Dokonce, zatímco umíral na kříži, prosil Boha za odpuštění těm, kdo ho ukřižovali.

Otče, odpusť jim, vždyť nevědí, co činí (Lukáš 23:34).

Když Ježíš zemřel na kříži, naplnilo se proroctví Žalmisty: *"Ochraňuje všechny jeho kosti, nebude mu zlomena ani jedna"* (Žalm 34:21). Naplnění tohoto proroctví můžeme nalézt v Janovi 19:32-33: *"Přišli tedy vojáci a zlámali kosti prvnímu i druhému, kteří byli ukřižováni s ním. Když přišli k Ježíšovi a viděli, že je již mrtev, kosti mu nelámali."*

Ježíš naplňuje svou službu a stává se Mesiášem

Ježíš nesl na svém kříži hříchy lidstva a zemřel za ně jako oběť za hřích, ale naplnění prozíravosti spasení se neudálo skrze Ježíšovu smrt.

Jak je předpovězeno v Žalmu 16:10: *"Neboť v moci podsvětí mě neponecháš, nedopustíš, aby se tvůj věrný octl v jámě"* a v Žalmu 118:17: *"Nezemřu, budu žít, budu vypravovat o Hospodinových činech,"* Ježíšovo tělo se nerozložilo a on byl třetího dne vzkříšen.

Jak je dále prorokováno v Žalmu 68:19: *"Vystoupil jsi na výšinu, ty, kdo byli v zajetí, jsi vedl, mnohé z lidí přijals darem, odbojníci však museli zůstat v poušti, Hospodine, Bože,"* Ježíš vystoupil do nebe a čeká na poslední dny, kdy dokončí tříbení lidstva a povede svůj lid do nebe.

Nelze si nepovšimnout toho, jak všechno, co Bůh prorokoval o Mesiáši prostřednictvím svých proroků, bylo zcela dokonáno prostřednictvím Ježíše Krista.

Ježíšova smrt a proroctví o Izraeli

Bohem vyvolený Izrael selhal v tom, že nerozpoznal Ježíše jako Mesiáše. Přesto Bůh neopustil lid, který si vyvolil a i dnes uskutečňuje svou prozíravost ve spasení Izraele.

Bůh prorokoval budoucnost Izraele dokonce skrze Ježíšovo ukřižování, a to kvůli své nejryzejší lásce k němu a touze v to, aby jeho lid uvěřil v Mesiáše, kterého Bůh poslal proto, aby Izraelité dosáhli spasení.

Utrpení pro Izrael, který ukřižoval Ježíše

Třebaže Ježíše odsoudil k smrti římský správce Pontius Pilát, byli to Židé, kdo přesvědčil Piláta, aby učinil toto rozhodnutí. Pilát si byl vědom toho, že neexistuje příčina, pro kterou by Ježíše dal zabít, ale zástupy na něj vyvíjely nátlak a křičely po Ježíšově ukřižování až do míry vyvolání nepokojů.

Aby vyjasnil své rozhodnutí ukřižovat Ježíše, vzal Pilát vodu, omyl si ruce před očima zástupu a pravil: *"Já nejsem vinen krví tohoto člověka; je to vaše věc"* (Matouš 27:24). V odpověď Židé zakřičeli: *"Krev jeho na nás a naše děti!"* (Matouš 27:25)

V roce 70 po Kristu dobyl Jeruzalém římský generál Titus. Chrám byl zničen a ti, kdo přežili, byli nuceni opustit svou vlast

Mesiáš seslaný Bohem

a rozptýlit se po světě. A tak začala diaspora, která trvala téměř 2000 let. Během tohoto období diaspory se nedá míra utrpení, které izraelský lid snášel, dostatečně popsat slovy.

Když Jeruzalém padl, bylo povražděno okolo 1,1 miliónu Židů a během druhé světové války nacisté zabili přibližně šest miliónů Židů. Když je nacisté vraždili, byli Židé svlečeni donaha a to je připomínka doby, kdy byl Ježíš ukřižován nahý.

Samozřejmě, z pohledu Izraele lze argumentovat, že jejich utrpení není výsledkem toho, že ukřižovali Ježíše. Ohlédneme-li se však zpět do historie Izraele, můžeme si snadno povšimnout toho, že Izrael a jeho lid byli chráněni Bohem a vedlo se jim dobře, když žili podle Boží vůle. Když se vzdálili Boží vůli, byli Izraelité potrestáni a stali se předmětem utrpení a zkoušek.

Takže víme, že utrpení Izraele nebylo bezdůvodné. Pokud by ukřižování Ježíše bylo v Božích očích správné, proč by Bůh na dlouhou dobu opustil Izrael uprostřed neustálých a krutých pohrom?

Ježíšovy šaty a spodní oděv a budoucnost Izraele

Další událost, která naznačovala věci, které postihnou Izrael, se udála na místě Ježíšova ukřižování. Jak čteme v Žalmu 22:19: *"Dělí se o mé roucho, losují o můj oděv,"* římští vojáci vzali Ježíšovy šaty a rozdělili je na čtyři díly, každému vojákovi díl; zatímco losovali o jeho spodní oděv a jeden z vojáků si ho vzal.

Jak se tato událost vztahuje k budoucnosti Izraele?

Protože Ježíš je Král Židů, Ježíšovy šaty v duchovním slova smyslu symbolizují Boží vyvolený stát Izrael a jeho lid. Když byly Ježíšovy šaty rozděleny na čtyři díly a tvar šatů zmizel, naznačovalo to zničení izraelského státu. Nicméně, protože tkanina šatů zůstala, událost rovněž předpověděla, že zatímco izraelský stát může zmizet, název "Izrael" zůstane.

Jaký dosah má skutečnost, že římští vojáci vzali Ježíšovy šaty a rozdělili je na čtyři díly, každému vojákovi díl? To znamená, že izraelský lid bude zničen Římem a bude rozptýlen. Toto proroctví bylo rovněž naplněno pádem Jeruzaléma a zničením izraelského státu, což donutilo Židy, aby se rozptýlili do různých koutů světa.

O Ježíšově spodním oděvu čteme v Janovi 19:23: *"Ten byl beze švů, od shora vcelku utkaný."* Skutečnost, že jeho spodní oděv byl "beze švů," znamená, že žádné rozmanité vrstvy látky nebyly sešity dohromady, aby tento kus oděvu vytvořily.

Většina lidí moc nepřemýšlí o tom, jak bylo utkáno jejich oblečení. Proč tedy Bible detailně zaznamenává strukturu Ježíšova spodního oděvu? Je v tom proroctví událostí, které se přihodí izraelskému lidu.

Ježíšův spodní oděv symbolizuje srdce izraelského lidu, srdce, kterým slouží Bohu. Skutečnost, že spodní oděv byl "beze švů, od shora vcelku utkaný," naznačuje, že postoj srdce Izraele vůči Bohu trval již od jejich praotce Jákoba a nezmění se za žádných okolností.

Skrze dvanáct kmenů následujících po dobách Abrahama, Izáka a Jákoba, došlo k vytvoření národa a izraelský lid se pevně držel své čistoty jako národ, který neuzavíral smíšená manželství s pohany. Po rozdělení na izraelské království na severu a judské království na jihu lid v severním království uzavíral smíšená manželství, ale Juda zůstal homogenním národem. Dokonce i dnes si Židé udržují svou identitu, která se datuje daleko zpět do dob otců víry.

Proto, třebaže byly Ježíšovy šaty roztrženy na čtyři kusy, jeho spodní oděv zůstal nedotčen. To znamená, že zatímco podoba izraelského státu může zmizet, postoj srdce izraelského lidu vůči Bohu a jejich víra v něj nemohou být potlačeny.

Protože mají toto neochvějné srdce, Bůh si je zvolil jako své vyvolené a skrze ně uskutečňoval a stále uskutečňuje svůj plán až do dnešního dne. I potom, co uplynula tisíciletí, izraelský lid přísně dodržuje zákon. To proto, že zdědil Jákobovo stálé srdce.

V důsledku toho téměř 1900 let potom, co ztratil svou zemi, izraelský lid šokoval svět vyhlášením své nezávislosti a znovuzavedením své státnosti 14. května 1948.

Vezmu vás z pronárodů, shromáždím vás ze všech zemí a přivedu vás do vaší země (Ezechiel 36:24).

Pak budete sídlit v zemi, kterou jsem dal vašim otcům, budete mým lidem a já vám budu Bohem (Ezechiel 36:28).

Jak bylo prorokováno již ve Starém zákoně: "Před mnohými dny jsi byl určen k tomu, abys na sklonku let vtáhl do země," izraelský lid se začal shromažďovat do Palestiny a založil znovu stát (Ezechiel 38:8). Navíc tím, že se rozvinul v jednu z nejmocnějších zemí na světě, Izrael znovu potvrdil zbytku světa své vznešenější vlastnosti coby národa.

Bůh touží, aby se Izrael připravoval na Ježíšův návrat

Bůh touží, aby znovuobnovený Izrael očekával návrat Mesiáše a připravoval se na něj. Přibližně před 2000 lety přišel Ježíš do izraelské země naplnit prozíravost spasení lidstva a stát se pro něj Spasitelem a Mesiášem. Než vystoupil do nebe, slíbil, že se vrátí a nyní Bůh chce, aby jeho vyvolení čekali na návrat Mesiáše s opravdovou vírou.

Až Mesiáš Ježíš Kristus znovu přijde, nepřijde do rozbitých stájí nebo aby musel vytrpět trest na kříži způsobem, jakým se to událo před dvěma tisíci lety. Namísto toho se objeví jako velitel nebeských zástupů a andělů a vrátí se na tento svět jako Král králů a Pán pánů v Boží slávě, aby to viděl celý svět.

Hle, přichází v oblacích! Uzří ho každé oko, i ti, kdo ho probodli, a budou kvůli němu naříkat všechna pokolení země. Tak jest, amen (Zjevení 1:7).

Až nastane předurčený čas, uvidí v oblacích Pánův návrat všichni lidé, věřící podobně jako nevěřící. V ten den budou všichni ti, kdo věří v Ježíše jako Spasitele všeho lidstva, vzati do oblak a budou se účastnit svatební hostiny v oblacích. Ostatní však budou zanecháni na zemi, aby truchlili.

Jako Bůh stvořil prvního člověka Adama a začal tříbení lidstva, tak bude mít toto tříbení i svůj konec. Právě jako hospodář zasévá semena a sklízí úrodu, nastane doba žně také pro tříbení lidstva. Boží tříbení lidstva bude ukončeno s druhým příchodem Mesiáše Ježíše Krista.

Ve Zjevení 22:7 nám Ježíš říká: *"Hle, přijdu brzo. Blaze tomu, kdo se drží proroctví této knihy."* Naše doba je dobou posledních dnů. Ve své nezměrné lásce k Izraeli Bůh stále osvěcuje svůj lid skrze jeho dějiny, aby přijali Mesiáše. Bůh naléhavě touží, aby nejen jeho vyvolený Izrael, ale také celé lidstvo přijalo Ježíše Krista dříve, než nastane konec tříbení lidstva.

Hebrejská Bible známá křesťanům jako Starý zákon

Kapitola 3

Bůh, ve kterého Izrael věří

Zákon a tradice

Zatímco Bůh vedl svůj vyvolený lid, Izrael, ven z Egypta do zaslíbené kenaanské země, sestoupil na vrchol hory Sínaj. Potom k sobě Hospodin Bůh povolal Mojžíše, vůdce exodu, a pověděl mu, že když kněží přistupují k Bohu, mají se posvěcovat. Kromě toho dal Bůh lidem skrze Mojžíše desatero přikázání a mnoho dalších zákonů.

Když Mojžíš oficiálně vypravoval lidu všechna slova Boha Jehovy a předložil mu všechna právní ustanovení, všechen lid odpověděl jako jedněmi ústy. Řekli: *"Budeme dělat všechno, o čem Hospodin mluvil"* (Exodus 24:3). Ale zatímco byl Mojžíš na hoře Sínaj v souladu s Božím povoláním, lid nechal Árona vytvořit sochu býčka a dopustil se velkého hříchu uctívání modly.

Jak se může stát, že se Boží vyvolený lid dopustí tak velkého hříchu? Všichni lidé od Adama, který se dopustil hříchu neposlušnosti, jsou Adamovými potomky a všichni se narodili s hříšnou přirozeností. Předtím, než se stanou posvěcenými tím, že obřežou svá srdce, jsou nuceni hřešit. Proto Bůh poslal svého jediného Syna Ježíše a prostřednictvím Ježíšova ukřižování otevřel vrátka, kterými mohou být lidstvu odpuštěny všechny jejich hříchy.

Proč tedy dal Bůh lidem zákon? Desatero přikázání, která dal Bůh lidu prostřednictvím Mojžíše, právní ustanovení a nařízení jsou známa jako zákon.

Skrze zákon je Bůh vede do země oplývající mlékem a medem

Důvod a účel, proč dal Bůh izraelskému lidu při exodu z Egypta zákon, je ten, aby se lidé těšili z požehnání, díky kterému mohli vstoupit do kenaanské země, země oplývající mlékem a medem. Lid obdržel zákon přímo od Mojžíše, ale nedodržoval Boží smlouvu a dopouštěl se mnoha hříchů včetně modloslužby a cizoložství. Nakonec většina lidu zemřela ve svých hříších během čtyřiceti let života na poušti.

Kniha Deuteronomium byla zapsána podle posledních Mojžíšových slov a zabývá se Boží smlouvou a zákony. Když většina první generace exodu s výjimkou Jozueho a Káleba zemřela a nadešel čas, aby Mojžíš opustil svůj lid, Mojžíš naléhavě nabádal druhou a třetí generaci exodu, aby milovala Boha a zachovávala jeho příkazy.

Nyní tedy, Izraeli, co od tebe požaduje Hospodin, tvůj Bůh? Jen aby ses bál Hospodina, svého Boha, chodil po všech jeho cestách, miloval ho a sloužil Hospodinu,

svému Bohu, celým svým srdcem a celou svou duší, abys
dbal na Hospodinova přikázání a nařízení, která ti dnes
udílím, aby s tebou bylo dobře? (Deuteronomium 10:12-
13).

Bůh dal Izraelcům zákon, protože chtěl, aby ho ochotně
poslouchali z hloubi svého srdce a aby se potvrdila jejich láska
k Bohu skrze jejich poslušnost. Bůh jim nedal zákon, aby je
omezoval nebo je svazoval, ale chtěl přijímat jejich poslušná srdce
a udělovat jim požehnání.

A tato slova, která ti dnes přikazuji, budeš mít v
srdci. Budeš je vštěpovat svým synům a budeš o nich
rozmlouvat, když budeš sedět doma nebo půjdeš cestou,
když budeš uléhat nebo vstávat. Uvážeš si je jako
znamení na ruku a budeš je mít jako pásek na čele mezi
očima. Napíšeš je také na veřeje svého domu a na své
brány (Deuteronomium 6:6-9).

Skrze tyto verše Bůh Izraelcům sdělil, jak mají nést zákon ve
svém srdci, vyučovat ho a uplatňovat ho. V průběhu let se Boží
příkazy a nařízení, jak jsou napsána v páté knize Mojžíšově, stále
učí a dodržují, ale zaměření na zákon se vyjadřuje navenek.

Zákon a tradice otců

Zákon například přikazoval, že sabat má být svatý a starší

nastavili mnoho podrobných tradic, které se postupně rozvinuly až k dodržování příkazů jako například zakazování používání automatických dveří, výtahů a eskalátorů a otevírání obchodní pošty, cestovních pasů a jiných balíků. Jak k tradicím otců došlo?

Když byl zničen Boží chrám a izraelský lid byl odvlečen do babylonského zajetí, lidé si mysleli, že k tomu došlo proto, že selhali v tom sloužit Bohu z celého svého srdce. Potřebovali sloužit Bohu pořádněji a aplikovat zákon na situace, které se postupem času mění, tak vytvořili mnoho přísných předpisů.

Tyto předpisy byly ustanoveny s úmyslem sloužit Bohu z celého srdce, bezvýhradně. Jinými slovy, vytvořili mnoho přísných předpisů, které podrobně popisovaly každý aspekt života, aby mohli dodržovat zákon ve svém každodenním životě.

Občas hrály přísné předpisy roli ochrany zákona. Ale, jak plynul čas, nechali si Izraelité ujít pravý význam zakotvený v zákoně a přikládali větší důležitost vnějšímu vyjadřování dodržování zákona. Takto dospěli až k tomu, že se od pravého významu zákona odchýlili.

Bůh vidí a přijímá srdce každého, kdo se drží zákona, spíše než klade důraz na vnější vyjadřování dodržování zákona skutky. Takže vytvořil zákon, aby hledal ty, kdo ho opravdu uctívají a dal požehnání těm, kdo ho poslouchají. Ačkoliv se zdálo, že mnoho lidí ve starozákonní době zákon dodržovalo, současně existovalo mnoho lidí, kteří ho porušovali.

Kéž by se mezi vámi našel někdo, kdo by zavřel dveře, abyste marně nezapalovali na mém oltáři oheň! Nemám ve vás zalíbení, praví Hospodin zástupů, a dary z vaší ruky jsem si neoblíbil (Malachiáš 1:10).

Když učitelé zákona a starší očerňovali Ježíše a odsuzovali jeho učedníky, nebylo to proto, že by Ježíš a jeho učedníci porušovali zákon, ale proto, že nedodržovali tradice otců. Velmi dobře to popisuje Matoušovo evangelium.

Proč tvoji učedníci porušují tradici otců? Vždyť si před jídlem neomývají ruce! (Matouš 15: 2).

V té době je Ježíš poučil o skutečnosti, že to nejsou Boží přikázání, která byla porušena, ale namísto toho tradice otců, které byly přestoupeny. Samozřejmě je důležité dodržovat zákon navenek činy, ale je mnohem důležitější si uvědomit skutečnou Boží vůli, která je zakotvena v zákoně.

A Ježíš jim odpověděl a řekl jim:

A proč vy přestupujete přikázání Boží kvůli své tradici? Vždyť Bůh řekl: "Cti otce i matku" a "kdo zlořečí otci nebo matce, ať je potrestán smrtí." Vy však učíte: "Kdo řekne otci nebo matce: 'To, čím bych ti měl pomoci, je obětní dar', ten již to nemusí dát svému otci nebo matce." A tak jste svou tradicí zrušili slovo Boží *(Matouš 15:3-6).*

V následujících verších Ježíš také říká:

Pokrytci, dobře prorokoval o vás Izaiáš, když řekl: "Lid tento ctí mě rty, ale srdce jejich je daleko ode mne; marně mě uctívají, neboť učí naukám, jež jsou jen příkazy lidskými" (Matouš 15:7-9).

Potom, co k sobě Ježíš svolal zástupy, řekl jim:

Slyšte a rozumějte: Ne co vchází do úst, znesvěcuje člověka, ale co z úst vychází, to člověka znesvěcuje (Matouš 15:10-11).

Boží děti by měly ctít své rodiče, jak je napsáno v desateru přikázání. Ale farizejové učili lid, že děti, které slouží svým rodičům a ctí je svým majetkem, mohou být zproštěny této povinnosti, jestliže prohlásí, že jejich majetek bude dán Bohu. Vytvořili tolik předpisů podrobně popisujících každý aspekt života s tak nepatrnými detaily, že se pohané nemohli ani odvážit přísně dodržovat všechny tyto tradice otců, kteří si o sobě mysleli, že je jako Boží vyvolení dělají velmi dobře.

Bůh, ve kterého Izrael věří

Když Ježíš uzdravil nemocného v den sabatu, farizejové odsoudili Ježíše za porušování sabatu. Jednoho dne Ježíš vstoupil do synagógy a sledoval muže stojícího před farizeji, jehož ruka byla odumřelá. Ježíš měl v úmyslu je probudit a zeptal se jich:

Je dovoleno v sobotu jednat dobře, či zle, život zachránit, či utratit? (Marek 3:4)

Kdyby někdo z vás měl jedinou ovečku, a ona by mu v sobotu spadla do jámy, neuchopil by ji a nevytáhl? A oč je člověk cennější než ovce! Proto je dovoleno v sobotu činit dobře (Matouš 12:11-12).

Protože farizejové byli dříve naplněni systémem zákona formovaného v rámci tradice otců a sobeckými myšlenkami a životními zvyky, nejenže, že selhali v tom, že si neuvědomili skutečnou Boží vůli zakotvenou v zákoně, ale rovněž selhali v tom, že nepoznali Ježíše, který přišel na zemi jako Spasitel.

Ježíš na ně často ukazoval a nabádal je, aby činili pokání a odvrátili se od svých provinění. Káral je, protože zapomněli na skutečný Boží záměr se zákonem, který jim Bůh dal a zaměnili jej a zasekli se na vnějších skutcích dodržování zákona.

Běda vám, zákoníci a farizeové, pokrytci! Odevzdáváte

desátky z máty, kopru a kmínu, a nedbáte na to, co je v Zákoně důležitější: právo, milosrdenství a věrnost. Toto bylo třeba činit a to ostatní nezanedbávat (Matouš 23:23).

Běda vám, zákoníci a farizeové, pokrytci! Očišťujete číše a talíře zvenčí, ale uvnitř jsou plné hrabivosti a chtivosti (Matouš 23:25).

Izraelský lid, který byl pod nadvládou římského impéria, si ve své mysli představoval, že Mesiáš pro ně přijde s velikou mocí a poctami, osvobodí je z rukou utlačovatelů a bude vládnout nad všemi rasami všech národů na zemi.

Zatím se ale tesaři narodil muž; dělal společnost opuštěným, nemocným a hříšníkům; nazýval Boha "Otče" a svědčil o tom, že On je světlo světa. Když je káral za jejich hříchy, ty, kdo dodržovali zákon podle svých vlastních měřítek a prohlašovali se za spravedlivé, to bodalo přímo do srdce a zasaženi jeho slovy ho bez důvodu ukřižovali.

Bůh chce, abychom měli lásku a odpuštění

Farizejové přísně dodržovali judaistické předpisy a považovali dlouhá léta zvyků a tradic za stejně cenné jako své životy. Chovali se k celníkům, kteří pracovali pro římské impérium, jako k hříšníkům a vyhýbali se jim.

Na začátku v Matoušovi 9:10 se říká, že Ježíš seděl u stolu v domě celníka jménem Matouš a mnoho celníků a jiných hříšníků stolovalo s Ježíšem a jeho učedníky. Když to farizejové uviděli, řekli jeho učedníkům: "Jak to, že váš Mistr jí s celníky a hříšníky?" Když Ježíš uslyšel, jak odsuzují jeho učedníky, řekl jim o Božím srdci. Bůh dává svou neutuchající lásku a milosrdenství každému, kdo činí z hloubi srdce pokání ze svých hříchů a odvrací se od nich.

Matouš 9:12-13 pokračuje: *"On [Ježíš] to uslyšel a řekl: 'Lékaře nepotřebují zdraví, ale nemocní. Jděte a učte se, co to je: "Milosrdenství chci, a ne oběť." Nepřišel jsem pozvat spravedlivé, ale hříšníky.'"*

Když se špatnost lidí z Ninive dotkla nebes, Bůh se chystal město Ninive zničit. Ale předtím, než tak učinil, poslal Bůh svého proroka, Jonáše, aby lidem umožnil činit pokání z jejich hříchů. Lid se postil a činil úplné pokání ze svých hříchů a Bůh se svého rozhodnutí zničit je vzdal. Nicméně, byli to farizejové, kteří si mysleli, že každý, kdo poruší zákon, nemá žádnou jinou volbu než být souzen. Nejdůležitější částí zákona je neutuchající láska a odpuštění, ale farizejové si mysleli, že soudit někoho je správnější a důležitější, než mu s láskou odpustit.

Stejně tak, když nerozumíme srdci Boha, který nám dal zákon, jsme nuceni soudit všechno našimi vlastními myšlenkami a teoriemi a tyto soudy budou později shledány špatnými a proti Bohu.

Skutečný Boží záměr se zákonem

Bůh stvořil nebe a zemi a všechno na nich a vytvořil člověka se záměrem získat skutečné děti, které se svým srdcem budou podobat jeho srdci. S tímto záměrem Bůh pověděl svému lidu: *"Buďte svatí, neboť já jsem svatý"* (Leviticus 11:44). Myslí tím, abychom se ho báli, pokud nejsme bohabojní pouze zdánlivě a abychom se stali bezúhonnými tím, že odhodíme zlo ze svého srdce.

V Ježíšově době měli farizejové a zákoníci mnohem větší zájem o obětování a o skutky dodržování zákona než o posvěcování svého srdce. Bohu se líbí zkroušené a zdeptané srdce více než oběť (Žalm 51:18-19), tak nám dal zákon, abychom se mohli kát ze svých hříchů a odvrátit se od nich prostřednictvím zákona.

Skutečná Boží vůle zakotvená v zákoně Starého zákona

Vůbec neznamená, že skutky dodržování zákona izraelského lidu nezahrnovaly jejich lásku k Bohu. Ale jediná věc, kterou po nich Bůh chtěl, bylo posvěcování srdce a vážně je skrze proroka Izajáše pokáral.

K čemu je mi množství vašich obětních hodů, praví Hospodin. Přesytil jsem se zápalných obětí beranů i tuku vykrmených dobytčat, nemám zájem o krev býčků, beránků a kozlů. Že se mi chodíte ukazovat! Kdo po vás chce, abyste šlapali má nádvoří? Nepřinášejte už šalebné obětní dary, kouř kadidla je mi ohavností, i novoluní, dny odpočinku a svolaná shromáždění; ničemnost a slavnostní shromáždění, to nemohu vystát (Izajáš 1:11-13).

Skutečný význam dodržování zákona nespočívá ve skutcích prováděných navenek, ale v ochotě uvnitř srdce. Takže Bůh neměl zalíbení v množství obětních hodů, které byly obětovány pouze ze zvykových a povrchních úkonů při vstupu na svatá nádvoří. Bez ohledu na to, kolik obětí obětovali podle zákona, Bůh v nich nenašel žádné zalíbení, protože jejich srdce netloukla v souladu s Boží vůlí.

S našimi modlitbami je to stejné. V našich modlitbách není důležitý pouze skutek samotné modlitby, mnohem důležitější je postoj našeho srdce v modlitbách. Žalmista říká v Žalmu 66:18: *"Kdybych se snad upnul srdcem k ničemnosti, byl by mě Panovník nevyslyšel."*

Bůh dal lidem skrze Ježíše vědět, že nemá zalíbení v modlitbách, které jsou pokrytecké nebo je stavíme na odiv svému okolí, ale líbí se mu upřímné modlitby ze srdce.

A když se modlíte, nebuďte jako pokrytci: ti se s

oblibou modlí v synagógách a na nárožích, aby byli lidem na očích; amen pravím vám, už mají svou odměnu. Když se modlíš, vejdi do svého pokojíku, zavři za sebou dveře a modli se k svému Otci, který zůstává skryt; a tvůj Otec, který vidí, co je skryto, ti odplatí (Matouš 6:5-6).

To samé se děje, když činíme pokání ze svých hříchů. Bůh po nás nechce, abychom si roztrhali oblečení a sypali si popel na hlavu, ale abychom roztrhali svá srdce a káli se ze svých hříchů z hloubi svého srdce. Samotný úkon pokání není důležitý a proto, když se kajeme ze svých hříchů z hloubi svého srdce a odvracíme se od nich, Bůh toto pokání přijímá.

Nyní tedy, je výrok Hospodinův, navraťte se ke mně celým srdcem, v postu, pláči a nářku. Roztrhněte svá srdce, ne oděv, navraťte se k Hospodinu, svému Bohu, neboť je milostivý a plný slitování, shovívavý a nejvýš milosrdný. Jímá ho lítost nad každým zlem (Jóel 2:12-13).

Jinými slovy, Bůh chce přijímat srdce těch, kdo uskutečňují zákon spíše než samotný úkon dodržování zákona. Toto je v Bibli označováno jako "obřízka srdce." Své tělo můžeme obřezat tak, že uřežeme maso předkožky, zatímco kůži srdce můžeme obřezat tak, že ji uřežeme ze svého srdce.

Obřízka srdce, kterou Bůh chce

K čemu konkrétně se obřízka srdce vztahuje? Týká se "odříznutí a odhození veškerého zla a hříchů včetně nenávisti, žárlivosti, prchlivosti, zlých pocitů, cizoložství, klamání, podvádění, souzení a odsuzování druhých, ze svého srdce." Když odříznete hříchy a zlo ze svého srdce a dodržujete zákon, Bůh to přijímá jako dokonalou poslušnost.

Obřežte se kvůli Hospodinu, obřežte svá neobřezaná srdce, mužové judští, obyvatelé Jeruzaléma, aby mé rozhořčení nevyšlehlo jako oheň a nehořelo a nikdo by je neuhasil, a to pro vaše zlé skutky (Jeremiáš 4:4).

Obřežte tedy svá neobřezaná srdce a už nebuďte tvrdošíjní (Deuteronomium 10:16).

Egypt, Judu, Edóma, Amónovce, Moába a všechny, kdo si vyholují skráně a sídlí na stepi, neboť všechny tyto pronárody jsou neobřezané. I celý dům izraelský má neobřezané srdce! (Jeremiáš 9:25)

Hospodin, tvůj Bůh, obřeže tvé srdce i srdce tvého potomstva a budeš milovat Hospodina, svého Boha, celým svým srdcem a celou svou duší a budeš živ (Deuteronomium 30:6).

A tak nás Starý zákon často nabádá k tomu, abychom obřezali svá srdce, protože pouze ti, kdo mají obřezaná srdce, mohou milovat Boha celým svým srdcem a celou svou duší.

Bůh chce, aby jeho děti byly svaté a dokonalé. V Genesis 17:1 Bůh pověděl Adamovi, aby byl "bezúhonný" a v Leviticu 19:2 nařídil izraelskému lidu, aby byl "svatý."

Jan 10:35 říká: *"Jestliže Bůh ty, jichž se týká toto slovo, nazval bohy – a Písmo musí platit,"* a 2 Petrův 1:4 říká: *"Tím nám daroval vzácná a převeliká zaslíbení, abyste se tak stali účastnými božské přirozenosti a unikli zhoubě, do níž svět žene jeho zvrácená touha."*

Ve starozákonní době byli lidé spaseni skrze skutky dodržování zákona, zatímco v novozákonní době můžeme být spaseni skrze víru v Ježíše Krista, který naplnil zákon s láskou.

Spasení skrze skutky bylo ve starozákonní době možné, když měli lidé hříšné touhy jako zabít, nenávidět, dopustit se cizoložství a lhát, ale nedopustili se jich ve skutcích. Ve starozákonní době v nich nepřebýval Duch svatý a nemohli své hříšné touhy opustit ze svých vlastních sil bez Ducha svatého. Takže když se jejich hříchy neprojevily navenek, nebyli považováni za hříšníky.

V novozákonní době však můžeme dosáhnout spasení pouze tehdy, když obřežeme své srdce vírou. Duch svatý nás usvědčuje z hříchu, spravedlnosti a souzení a pomáhá nám žít podle Božího slova, takže můžeme opustit nepravdu a hříšnou přirozenost a obřezat své srdce.

Spasení skrze víru v Ježíše Krista není jednoduše dáno, když někdo ví a věří, že Ježíš Kristus je Spasitel. Pouze když odhodíme zlo ze svého srdce, protože milujeme Boha a chodíme v pravdě vírou, bude ji Bůh považovat za opravdovou víru a bude nás vést nejenom k dokončení spasení, ale také na cestu úžasných odpovědí a požehnání.

Jak se zalíbit Bohu

Je přirozené, že by Boží dítě nemělo hřešit skutky. Je pro něj rovněž normální opustit nepravdu a hříšné touhy srdce a podobat se Boží svatosti. Jestliže nehřešíte ve skutcích, ale chováte hříšné touhy v sobě, což Bůh nechce, nemůže vás Bůh pokládat za spravedlivé.

Proto je v Matoušovi 5:27-28 napsáno: *"Slyšeli jste, že bylo řečeno: 'Nezcizoložíš.' Já však vám pravím, že každý, kdo hledí na ženu chtivě, již s ní zcizoložil ve svém srdci."*

A v 1 Janově 3:15 je řečeno: *"Kdokoliv nenávidí svého bratra, je vrah – a víte, že žádný vrah nemá podíl na věčném životě."* Tento verš nás nabádá k tomu, abychom se zbavili nenávisti ve svém srdci.

Jak byste měli jednat se svými nepřáteli, kteří vás nenávidí, aby to bylo v souladu s Boží vůlí?

Zákon ze starozákonní doby nám říká: "Oko za oko [a] zub za zub." Jinými slovy zákon říká: *"Jak zmrzačil člověka, tak ať se stane jemu"* (Leviticus 24:20). Mělo se tím předejít zranění jednoho nebo způsobení újmy druhému přísnými předpisy. To proto, že Bůh ví, že lidstvo se ve své špatnosti pokouší druhému odplatit více, než byla vlastní způsobená újma.

Král David byl chválen jako člověk, který byl podle Božího srdce. Když se ho král Saul pokoušel zabít, David mu neodplatil za všechny jeho zlé skutky žádným zlem, ale zacházel s ním až do poslední chvíle laskavě. David viděl pravý význam zakotvený v zákoně a žil pouze podle Božího slova.

Nebudeš se mstít synům svého lidu a nezanevřeš na ně, ale budeš milovat svého bližního jako sebe samého. Já jsem Hospodin (Leviticus 19:18).

Neraduj se z pádu svého nepřítele, nejásej nad jeho klopýtnutím ani v srdci (Přísloví 24:17).

Hladoví-li ten, kdo tě nenávidí, nasyť jej chlebem, žízní-li, napoj ho vodou (Přísloví 25:21).

Slyšeli jste, že bylo řečeno: "Milovati budeš bližního svého a nenávidět nepřítele svého." Já však pravím: "Milujte své nepřátele a modlete se za ty, kdo vás pronásledují" (Matouš 5:43-44).

Pokud vám podle veršů uvedených výše připadá, že dodržujete zákon, ale nedokážete odpustit osobě, která vám způsobila potíže, nelíbíte se Bohu. To proto, že Bůh nám řekl, abychom milovali své nepřátele. Když dodržujete zákon a děláte to se srdcem, které Bůh chce, abyste přitom měli, má se za to, že zcela posloucháte Boží slovo.

Zákon, znamení Boží lásky

Bůh lásky nám chce dát nekonečné požehnání, ale protože je spravedlivým Bohem, nemá jinou volbu, než nás vydat ďáblu natolik, nakolik se dopouštíme hříchů. Proto někteří věřící v Boha trpí nemocemi a setkávají se s nehodami a pohromami, když nežijí podle Božího slova.

Bůh nám dal ve své lásce mnoho Božích příkazů, aby nás chránil před těmito zkouškami a bolestmi. Kolik příkazů dávají rodiče svým dětem, aby je ochránili před nemocemi a nehodami?

"Až se vrátíš domů, umyj si ruce."

"Po jídle si vyčisti zuby."

"Když přecházíš ulici, rozhlédni se kolem."

Stejným způsobem nám Bůh ve své lásce řekl, abychom dodržovali jeho přikázání a nařízení pro naše dobro

(Deuteronomium 10:13). Dodržování a praktikování Božího slova se podobá lampě na naší cestě životem. Nezáleží na tom, jaká je tma, s lampou můžeme bezpečně kráčet cestou na místo určení. Ze stejného důvodu, když je s námi Bůh, který je světlo, můžeme být pod jeho ochranou a těšit se z výsad a požehnání Božích dětí.

Jak velkou má Bůh radost, když může svýma planoucíma očima chránit své děti, které dodržují jeho slovo a dát jim cokoliv, o co požádají! Proto tyto děti mohou změnit své srdce v čisté a dobré a podobají se Bohu natolik, nakolik dodržují a poslouchají Boží slovo. Pociťují hloubky Boží lásky a mohou Boha milovat ještě více.

Proto je zákon, který nám Bůh dal, jako učebnice lásky, která představuje vodítko k nejlepšímu požehnání pro nás, které Bůh na zemi tříbí. Boží zákon na nás nevkládá břemena, ale chrání nás před všemožnými pohromami na tomto světě, nad kterými vládne nepřítel ďábel a satan a vede nás na cestu požehnání.

Ježíš naplnil zákon s láskou

V knize Deuteronomium 19:19-21 můžeme číst, že když se lidé v dobách Starého zákona dopustili hříchů svýma očima, byly jim jejich oči vydloubnuty z důlků. Když zhřešili svýma rukama nebo nohama, byly jim jejich ruce nebo nohy useknuty. Když se dopustili vraždy a cizoložství, byli ukamenováni k smrti.

Zákon duchovního světa nám říká, že výsledkem našich

hříchů je smrt. Proto Bůh těžce potrestal ty, kdo se dopustili neodpustitelných hříchů, a tak chtěl mnoho jiných lidí varovat před tím, aby nepáchali stejné hříchy.

Ale Bůh lásky nebyl zcela spokojen s vírou, kterou lidé lpěli na zákonu a říkali: "oko za oko, a zub za zub." Namísto toho ve Starém zákoně znovu a znovu zdůrazňoval, že by měli obřezat svá srdce. Nechtěl, aby jeho lid cítil kvůli zákonu bolest, tak když přišel čas, poslal na zem Ježíše a nechal ho vzít všechny hříchy lidstva na sebe a naplnit zákon s láskou.

Bez Ježíšova ukřižování by nám v případě, že bychom se dopustili svýma rukama a nohama hříchů, byly naše ruce a nohy stále utínány. Ale Ježíš vzal kříž a prolil svou vzácnou krev, když na něj byl skrze své ruce a nohy přibit, aby smyl všechny naše hříchy, kterých jsme se svýma rukama a nohama dopustili. Nyní si kvůli veliké Boží lásce nemusíme své ruce a nohy utínat.

Ježíš, který je s Bohem lásky jedno, sestoupil na zemi a naplnil zákon s láskou. Ježíš žil příkladný život a dodržoval všechny Boží zákony.

Třebaže však zcela dodržoval zákon, neodsuzoval ty, kdo v dodržování zákona selhávali a říkali: "Porušili jste zákon a jste na cestě k smrti." Namísto toho ve dne v noci vyučoval lid pravdu, aby aspoň jediná další duše mohla činit pokání ze svých hříchů a dosáhnout spasení a bez ustání pracoval, uzdravoval a osvobozoval ty, kdo byli svázáni nemocemi, slabostmi a posedlí démony.

Ježíšova láska vyplula pozoruhodně na povrch, když zákonici a farizejové přivedli k Ježíši ženu, chycenou při cizoložství. V 8. kapitole Janova evangelia k němu zákoníci a farizejové přivedli ženu a zeptali se ho: *"V zákoně nám Mojžíš přikázal takové kamenovat. Co říkáš ty?"* (v. 5). Ježíš jim na to odpověděl: *"Kdo z vás je bez hříchu, první hoď na ni kamenem!"* (v. 7).

Když jim položil tuto otázku, chtěl, aby si uvědomili, že nejenom tato žena, ale také oni sami, kteří ji obvinili z cizoložství a pokoušeli se najít důvod k obvinění Ježíše, jsou před Bohem stejnými hříšníky a že nikdo se nemůže odvažovat odsuzovat druhého. Když to lidé uslyšeli, byli usvědčeni svým vlastním svědomím a jeden po druhém odcházeli, počínaje nejstarším až do posledního. A Ježíš byl ponechán sám se ženou stojící uprostřed.

 Když neviděl nikoho kromě ženy, řekl jí: *"Ženo, kde jsou ti, kdo na tebe žalovali? Nikdo tě neodsoudil?"* (v. 10). Ona řekla: *"Nikdo, Pane."* A Ježíš jí řekl: *"Ani já tě neodsuzuji. Jdi a už nehřeš!"* (v. 11).

Když ženu přivedli a její neodpustitelný hřích vyšel najevo, přemohl ji veliký strach. Takže si nejspíš dokážete představit tu spoustu slz, které prolila v hlubokém pohnutí a vděčnosti, když jí Ježíš odpustil! Kdykoliv si vzpomněla na toto Ježíšovo odpuštění a lásku, netroufla si znovu porušit zákon ani více hřešit. To bylo možné jen proto, že se setkala s Ježíšem, který naplnil zákon s láskou.

Ježíš nenaplnil zákon s láskou pouze pro tuto ženu, ale rovněž pro celé lidstvo. Vůbec nešetřil svého vlastního života a položil jej za nás hříšníky na kříži se srdcem rodičů, kteří nešetří svého vlastního života, aby zachránili své topící se děti.

Ježíš byl bez viny a bez poskvrny a jediný Boží Syn, ale nesl všechny nepopsatelné bolesti, prolil všechnu svou krev a vodu a položil svůj život na kříži za nás hříšníky. Jeho ukřižování bylo nejdojemnějším momentem dovršení největší lásky v dějinách lidstva.

Když na nás přichází tato moc jeho lásky, dostáváme sílu plně dodržovat zákon a jsme schopni naplňovat zákon s láskou stejným způsobem, jako to dělal Ježíš.

Kdyby Ježíš nenaplnil zákon s láskou, ale namísto toho soudil a odsuzoval každého pouze podle zákona a odvrátil svůj zrak od hříšníků, kolik lidí na tomto světě by bylo spaseno? Jak je napsáno v Bibli: *"Nikdo není spravedlivý, není ani jeden"* (Římanům 3:10), nikdo by nemohl být spasen.

Proto by Boží děti, kterým byly odpuštěny hříchy velikou Boží láskou, neměly Boha milovat pouze tak, že budou dodržovat jeho příkazy s pokornějším srdcem, ale měly by rovněž milovat své bližní jako sebe samé, sloužit jim a odpouštět jim.

Ti, kdo soudí a odsuzují druhé podle zákona

Ježíš naplnil zákon s láskou a stal se Spasitelem celého lidstva.

Co však dělali farizejové, zákoníci a učitelé zákona? Trvali na dodržování zákona skutky spíše, než aby posvěcovali svá srdce, jak chtěl Bůh a mysleli si, že zcela dodržují zákon. Kromě toho neodpouštěli těm, kdo nedodržovali zákon, ale soudili a odsuzovali je.

Náš Bůh ale nikdy nechce, abychom soudili a odsuzovali druhé bez milosrdenství a lásky. Ani nechce, abychom se snažili dodržovat zákon, aniž bychom zakusili Boží lásku. Jestliže dodržujeme zákon, ale selháváme v chápání Božího srdce a selháváme v tom, abychom to dělali s láskou, nic tím nezískáme.

Kdybych měl dar proroctví, rozuměl všem tajemstvím a obsáhl všecko poznání, ano kdybych měl tak velikou víru, že bych hory přenášel, ale lásku bych neměl, nic nejsem. A kdybych rozdal všecko, co mám, ano kdybych vydal sám sebe k upálení, ale lásku bych neměl, nic mi to neprospěje (1 Korintským 13:2-3).

Bůh je láska a raduje se a žehná nám, když konáme s láskou. V Ježíšově době farizejové selhali v tom, že neměli lásku ve svém srdci, zatímco dodržovali zákon skutky. Nic tím nezískali. Soudili a odsuzovali druhé se znalostmi zákona, a to způsobilo, že zůstali daleko od Boha, což nakonec vedlo k ukřižování Božího Syna.

Když rozumíte skutečné Boží vůli zakotvené v zákoně

I ve starozákonní době existovali velcí otcové víry, kteří rozuměli skutečné Boží vůli v zákoně. Otcové víry včetně Abrahama, Josefa, Mojžíše, Davida a Eliáše nejenom dodržovali zákon, ale také dělali, co bylo v jejich silách, aby se stali skutečnými Božími dětmi, a to tím, že horlivě obřezávali svá srdce.

Nicméně, když Bůh poslal Ježíše jako Mesiáše, aby dal Židům vědět o Bohu Abrahamově, Bohu Izákově a Bohu Jákobově, nedokázali ho poznat. To proto, že byli zaslepeni systémem tradic otců a skutky dodržování zákona.

Aby dosvědčil, že je Božím Synem, předváděl Ježíš úžasné zázraky a zázračná znamení, které byly možné pouze s Boží mocí. Ale oni přesto nedokázali Ježíše poznat ani ho přijmout jako Mesiáše.

Ale pro ty Židy, kteří měli dobrá srdce, to bylo jiné. Když poslouchali Ježíšova poselství, uvěřili v něho a když viděli zázračná znamení, která Ježíš předváděl, věřili, že s ním je Bůh. Ve třetí kapitole Janova evangelia přišel jednou v noci k Ježíši farizej jménem "Nikodém" a pronesl následující slova:

Mistře, víme, že jsi učitel, který přišel od Boha. Neboť nikdo nemůže činit ta znamení, která činíš ty, není-li Bůh s ním (Jan 3:2).

Bůh lásky čeká na návrat Izraele

Proč tedy většina Židů selhala a nepoznala Ježíše, který přišel na tuto zemi jako Spasitel? Vytvořili si svými vlastními myšlenkami systém zákona a věřili, že milují Boha a slouží mu a nebyli ochotni přijmout věci, které se od jejich systému odlišovaly.

Než se Pavel setkal s Pánem Ježíšem, pevně věřil, že zcela dodržovat zákon a tradice otců znamená milovat Boha a sloužit mu. Z tohoto důvodu nepřijal Ježíše jako Spasitele, ale namísto toho pronásledoval jeho samotného i jeho věřící. Potom, co se setkal se vzkříšeným Pánem Ježíšem na cestě do Damašku, jeho systém se zcela zhroutil a on se stal apoštolem svého Pána, Ježíše Krista. Od té doby by dal za svého Pána dokonce i vlastní život.

Tato touha dodržovat zákon je nejniternější podstatou Židů a silná stránka Božího vyvoleného Izraele. A tak, jakmile dospějí k tomu, že si uvědomí skutečnou Boží vůli zakotvenou v zákoně, budou moci milovat Boha více, než jakýkoliv jiný lid nebo rasa a budou Bohu věrní celými svými životy.

Když Bůh vyvedl izraelský lid z Egypta, dal jim skrze Mojžíše všechny zákony a příkazy a sdělil jim, co opravdu chce, aby dělali. Slíbil jim, že když budou milovat Boha, obřežou svá srdce a budou žít v souladu s Boží vůlí, bude s nimi a dá jim úžasné požehnání.

A navrátíš se k Hospodinu, svému Bohu, a budeš

*ho poslouchat, ty i tvoji synové, celým svým srdcem a
celou svou duší podle všeho, co ti dnes přikazuji, změní
Hospodin, tvůj Bůh, tvůj úděl, slituje se nad tebou a
shromáždí tě zase ze všech národů, kam tě Hospodin,
tvůj Bůh, rozptýlil. Kdybys byl zapuzen až na kraj
světa, Hospodin, tvůj Bůh, tě odtud shromáždí a vezme
tě odtamtud. Hospodin, tvůj Bůh, tě uvede do země,
kterou obsadili tvoji otcové, a ty ji znovu obsadíš a
on ti bude prokazovat dobrodiní a rozmnoží tě víc než
tvé otce. Hospodin, tvůj Bůh, obřeže tvé srdce i srdce
tvého potomstva a budeš milovat Hospodina, svého
Boha, celým svým srdcem a celou svou duší a budeš živ.
Všechny tyto kletby pak vloží Hospodin, tvůj Bůh, na tvé
nepřátele a na ty, kdo tě nenávistně pronásledovali. Ty
budeš opět poslouchat Hospodina a dodržovat všechny
jeho příkazy, které ti dnes udílím (Deuteronomium
30:2-8).*

Jak Bůh svému vyvolenému izraelskému lidu slíbil v těchto
verších, shromáždil svůj lid, který byl rozptýlen po celém světě,
nechal jej vzít si zpět jejich zemi za dva tisíce let a vyvýšil jej nade
všechny národy na zemi. Přesto Izrael selhal a neuvědomil si
skrze ukřižování velikou Boží lásku a úžasnou Boží prozíravost
stvoření a tříbení lidstva, ale stále následuje skutky dodržování
zákona a tradice otců.

Bůh lásky si dychtivě přeje a čeká na to, až se jeho lid vzdá své vlastní pokřivené víry a změní se co nejdříve ve skutečné děti. V první řadě musí otevřít svá srdce a přijmout Ježíše, kterého poslal Bůh jako Spasitele celého lidstva a získat odpuštění svých hříchů. Dále si musí uvědomit skutečnou Boží vůli danou prostřednictvím zákona a dosáhnout opravdové víry horlivým dodržováním Božího slova obřezáním svých srdcí, aby mohli dosáhnout úplného spasení.

Naléhavě se modlím, aby Izrael znovuobnovil ztracený Boží obraz skrze víru, která se líbí Bohu a Izraelité se stali skutečnými Božími dětmi, které se budou moci těšit ze všeho požehnání, které jim Bůh zaslíbil a které budou moci pobývat ve slávě věčného nebe.

Skalní dóm, islámská mešita nacházející
se ve ztraceném svatém městě Jeruzalémě

Kapitola 4

Dívej se a poslouchej!

Před koncem věků tohoto světa

Bible nám jasně popisuje jak počátek dějin lidstva, tak jejich konec. Na několik tisíc let nám Bůh prostřednictvím Bible pověděl o své historii tříbení člověka. Historie začala Adamem, prvním člověkem na zemi, a dospěje ke svému konci druhým příchodem Pána v oblacích.

Jaký čas je na Božích hodinách, které ukazují historii tříbení člověka a kolik dní a hodin zbývá, než hodiny odbijí poslední chvíle tříbení člověka? Nyní pojďme hlouběji prozkoumat, jak Bůh lásky naplánoval a nastavil svou vůli, aby dovedl Izrael na cestu spasení.

Naplnění biblických proroctví v průběhu historie lidstva

V Bibli je mnoho proroctví a všechna jsou slovy všemohoucího Boha Stvořitele. Jak je řečeno v Izajáši 55:11: *"Tak tomu bude s mým slovem, které vychází z mých úst: Nevrátí se ke mně s prázdnou, nýbrž vykoná, co chci, vykoná zdárně, k čemu jsem je poslal,"* Boží slova byla až potud přesně naplněna a bude naplněno úplně každé slovo.

Izraelské dějiny očividně potvrzují, že biblická proroctví byla naplněna přesně bez nejmenší chybičky. Dějiny Izraele se

Dívej se a poslouchej!

uskutečňovaly přesně podle proroctví zaznamenaných v Bibli: 400 let otroctví Izraelců v Egyptě a exodus; vstup do kenaanské země oplývající mlékem a medem; rozdělení jejich království na dvě – Izrael a Juda a jejich zničení; babylonské zajetí; návrat Izraelců domů; narození Mesiáše, ukřižování Mesiáše; zničení Izraele a rozptýlení Izraelců do všech národů a znovunastolení Izraele jako národa a jeho nezávislost.

Historie lidstva je pod vládou všemohoucího Boha a kdykoliv Bůh uskutečnil něco důležitého, předpověděl Božím mužům, co se stane (Ámos 3:7). Bůh předpověděl Noemu, člověku, který byl ve své době spravedlivý a bezúhonný, že celou zemi zničí veliká potopa. Pověděl Abrahamovi, že budou zničena města Sodoma a Gomora a dal vědět proroku Danielovi a apoštolu Janovi, co se stane na tomto světě v posledních dnech.

Většina těchto proroctví zaznamenaných v Bibli se přesně vyplnila a proroctví, která se ještě mají vyplnit jsou druhý příchod Pána a několik věcí, které tomu budou předcházet.

Znamení konce věků

V dnešní době, bez ohledu na to, jak naléhavě vysvětlujeme, že nyní nastává konec věků, tomu nechce mnoho lidí věřit. Místo toho, aby to přijali, myslí si, že ti, kdo mluví o konci věků, jsou diví a snaží se vyhnout tomu, aby je museli poslouchat. Myslí si, že slunce bude vycházet a zapadat, lidé se budou rodit a umírat a civilizace bude pokračovat, jako tomu vždycky v minulosti bylo.

Ohledně posledních dnů Bible zaznamenává toto: *"Především vám chci říci, že ke konci dnů přijdou posměvači, kteří žijí, jak se jim zachce, a budou se posmívat: 'Kde je ten jeho zaslíbený příchod? Od té doby, co zesnuli otcové, všecko zůstává tak, jak to bylo od počátku stvoření'"* (2 Petrův 3:3-4).

Ať se člověk narodí kdykoliv, nastane pro něj také doba, kdy zemře. Stejně tak, zrovna jako mají lidské dějiny počátek, mají i svůj konec. Až přijde doba, kterou si Bůh zvolí, všechny věci na tomto světě dospějí ke svému konci.

V oné době povstane Míkael, velký ochránce, a bude stát při synech tvého lidu. Bude to doba soužení, jaké nebylo od vzniku národa až do této doby. V oné době bude vyproštěn tvůj lid, každý, kdo je zapsán v Knize. Mnozí z těch, kteří spí v prachu země, procitnou; jedni k životu věčnému, druzí k pohaně a věčné hrůze. Prozíraví budou zářit jako záře oblohy, a ti, kteří mnohým dopomáhají k spravedlnosti, jako hvězdy, navěky a navždy. A ty, Danieli, udržuj ta slova v tajnosti a zapečeť tuto knihu až do doby konce. Mnozí budou zmateně pobíhat, ale poznání se rozmnoží (Daniel 12:1-4).

Skrze proroka Daniela Bůh prorokoval, co se stane na konci věků. Někteří lidé říkají, že proroctví daná skrze Daniela, se již vyplnila v uplynulých dějinách. Ale toto proroctví se zcela vyplní až v poslední chvíli historie lidstva a je naprosto v souladu se znameními posledních dnů světa zapsanými ve Starém zákoně.

Toto Danielovo proroctví se vztahuje k druhému Pánovu příchodu. První verš říkající: *"Bude to doba soužení, jaké nebylo od vzniku národa až do této doby. V oné době bude vyproštěn tvůj lid, každý, kdo je zapsán v Knize,"* nám vysvětluje sedmileté veliké soužení, které se bude konat na konci věků tohoto světa a také paběrkové spasení.

Druhá polovina čtvrtého verše říkající: *"Mnozí budou zmateně pobíhat, ale poznání se rozmnoží,"* objasňuje každodenní život, který dnešní lidé žijí. Tato Danielova proroctví se s určitostí nevztahují na zničení Izraele, ke kterému došlo v roce 70 po Kristu, ale ke znamením konce věků.

Ježíš mluvil se svými učedníky o znameních konce věků velmi podrobně. V Matoušovi 24 řekl: *"Budete slyšet válečný ryk a zvěsti o válkách; hleďte, abyste se nelekali. Musí to být, ale to ještě není konec. Povstane národ proti národu a království proti království, bude hlad a zemětřesení na mnoha místech. Povstanou lživí proroci a mnohé svedou a protože se rozmůže nepravost, vychladne láska mnohých."*

Jak vypadá situace ve světě dnes? Slyšíme válečný ryk a zvěsti o válkách a terorismus den za dnem sílí. Národy bojují proti sobě navzájem a království povstávají jedno proti druhému. Máme mnoho hladomorů a zemětřesení. Dochází k mnoha jiným druhům přírodních pohrom a katastrof způsobených neobvyklými povětrnostními podmínkami. Kromě toho se po celé zeměkouli stále více šíří nepravost, hříchy a zlo se po celém světě vymykají kontrole a láska lidí chladne.

To samé je napsáno ve druhé epištole Timoteově.

Věz, že v posledních dnech nastanou zlé časy. Lidé budou sobečtí, chamtiví, chvástaví, domýšliví, budou se rouhat, nebudou poslouchat rodiče, budou nevděční, bezbožní, bez lásky, nesmiřitelní, pomlouvační, nevázaní, hrubí, lhostejní k dobrému, zrádní, bezhlaví, nadutí, budou mít raději rozkoš než Boha, budou se tvářit jako zbožní, ale svým jednáním to budou popírat. Takových lidí se straň (2 Timoteovi 3:1-5).

Dnešní lidé nemají rádi dobré věci, ale milují peníze a potěšení. Hledají svůj vlastní prospěch a bez zaváhání a výčitek svědomí se dopouštějí hrozných hříchů a zla včetně vražd a žhářství. Tyto věci se odehrávají ve velkém a protože se okolo nás děje takovýchto věcí příliš mnoho, stává se srdce lidí vůči tomu stále více necitlivým až do té míry, že většinu lidí už nic nepřekvapí. Když vidíme všechny tyto věci, nemůžeme popřít, že běh lidských dějin se opravdu blíží ke konci věků.

Dokonce i historie Izraele naráží na znamení druhého Pánova příchodu a konec věků tohoto světa.

Matouš 24:32-33 říká: *"Od fíkovníku si vezměte poučení:*

Když už jeho větev raší a vyráží listí, víte, že je léto blízko. Tak i vy, až toto všecko uvidíte, vězte, že ten čas je blízko, přede dveřmi."

"Fíkovník" se zde vztahuje na Izrael. Strom vypadá v zimě mrtvý, ale když přijde jaro, znovu raší a jeho větve rostou a vyráží zelené listí. Podobně se potom, co došlo ke zničení Izraele v roce 70 po Kristu, zdálo, že Izrael na dva tisíce let úplně zmizel, ale když nastal čas, který si Bůh zvolil, vyhlásil svou nezávislost a 14. května 1948 byl vyhlášen stát Izrael.

Důležitější je však to, že nezávislost Izraele naznačuje, že druhý příchod Ježíše Krista je velmi blízko. Proto by si Izrael měl uvědomit, že Mesiáš, na kterého stále čeká, přišel na tuto zemi a stal se Spasitelem celého lidstva před dvěma tisíci lety a měl by pamatovat na to, že Spasitel Ježíš přijde dříve či později na tuto zemi jako Soudce.

Co se potom podle proroctví v Bibli stane s námi, kteří žijeme v posledních dnech?

Pánův příchod v oblacích a vytržení

Asi před 2000 lety byl Ježíš ukřižován, třetího dne zlomil moc smrti a byl vzkříšen. Potom byl vzat do nebe a mnoho přítomných lidí se toho stalo svědky.

Muži z Galileje, co tu stojíte a hledíte k nebi? Tento Ježíš, který byl od vás vzat do nebe, znovu přijde právě tak, jak jste ho viděli odcházet (Skutky 1:11).

Svým ukřižováním a vzkříšením otevřel Pán Ježíš bránu ke spasení lidstva, poté byl vzat do nebe, kde sedí napravo od Božího trůnu a připravuje nebeské příbytky pro ty, kdo budou spaseni. A když skončí dějiny lidstva, přijde znovu, aby nás vzal zpět. Jeho druhý příchod je dobře popsán v 1 Tesalonickým 4:16-17.

Zazní povel, hlas archanděla a zvuk Boží polnice, sám Pán sestoupí z nebe, a ti, kdo zemřeli v Kristu, vstanou nejdříve; Potom my živí, kteří se toho dočkáme, budeme spolu s nimi uchváceni v oblacích vzhůru vstříc Pánu. A pak už navždy budeme s Pánem.

Jak majestátní bude scéna, kdy Pán sestoupí v oblacích slávy doprovázen nesčetnými anděly a nebeskými zástupy! Ti, kdo byli spaseni, na sebe vezmou nepomíjitelná duchovní těla a setkají se v oblacích s Pánem. Potom budou slavit na sedmileté svatební hostině spolu s Pánem, naším věčným ženichem.

Ti, kdo byli spaseni, budou vzati vzhůru do oblak a setkají se s Pánem, čemuž říkáme "vytržení." Nadzemské království se vztahuje na tu část druhého nebe, kterou Bůh připravil pro sedmiletou svatební hostinu.

Bůh rozdělil duchovní svět do několika prostorů a jedním z nich je druhé nebe. Druhé nebe je rozděleno opět do dvou oblastí – na Eden, který je světem světla a na svět temnoty. V části světa světla je zvláštní místo připravené pro sedmiletou svatební hostinu.

Lidé, kteří se ozdobili vírou, aby dosáhli spasení na tomto světě plném hříchu a zla, budou vzati do oblak jako Pánovy nevěsty. Potom se setkají s Pánem a budou si po dobu sedmi let užívat svatební oslavy.

> *Radujme se a jásejme a vzdejme mu chválu; přišel den svatby Beránkovy, jeho choť se připravila a byl jí dán zářivě čistý kment, aby se jím oděla. Tím kmentem jsou spravedlivé skutky svatých. Tehdy mi řekl: "Piš: 'Blaze těm, kdo jsou pozváni na svatbu Beránkovu.'" A řekl mi: "Toto jsou pravá slova Boží" (Zjevení 19:7-9).*

Ty, kdo budou vzati do oblak, utěší Pán během svatební hostiny za to, že překonali svět vírou, zatímco ti, kteří nebudou vzati vzhůru, budou trpět nepopsatelným utrpením v soužení zlými duchy, kteří budou vyhnáni na zem při druhém příchodu Pána v oblacích.

Sedm let velikého soužení

Zatímco si ti, kdo byli spaseni, užívají sedmileté svatební hostiny v oblacích a sní o šťastném a věčném nebi, pokryje celou zemi to nejtěžší soužení, které nemá v historii lidstva obdoby a budou se dít strašlivé věci.

Jak tedy sedmileté veliké soužení začne? Potom, co se náš Pán vrátí v oblacích a vezme velmi mnoho lidí vzhůru najednou, ti, kdo zůstanou na zemi, budou zasaženi velikou panikou a šokováni náhlým zmizením své rodiny, přátel a sousedů a budou chodit sem a tam a hledat je.

Brzy si uvědomí, že skutečně došlo k vytržení, o kterém křesťané mluvili. Při myšlence na sedmileté veliké soužení, které na ně přijde, budou naplněni hrůzou. Přemůže je obrovské znepokojení a zděšení. A když budou vzati do nebe řidiči letadel, lodí, vlaků, aut a jiných dopravních prostředků, dojde k velkému množství dopravních nehod a požárů, budou se řítit budovy a svět naplní chaos a veliké nepokoje.

V té době se objeví osoba, která přinese světu mír a řád. Bude to vládce Evropské unie. Dá dohromady politické a ekonomické síly i vojenské organizace a spojenou silou bude udržovat svět v řádu a přinese společnosti mír a stabilizaci. Proto se bude mnoho lidí radovat, když se objeví na světové scéně. Mnozí ho budou nadšeně vítat, loajálně podporovat a aktivně mu pomáhat.

On bude antikristem, o kterém se zmiňuje Bible a který povede sedmileté veliké soužení. Na nějaký čas ale bude vypadat jako "posel míru." Ve skutečnosti antikrist přinese lidem mír a řád v časném období sedmiletého velikého soužení. Nástroj, který využije k tomu, aby získal světový mír, bude znamení šelmy '666' zaznamenané v Bibli.

Dívej se a poslouchej!

A nutí všechny, malé i veliké, bohaté i chudé,
svobodné i otroky, aby měli na pravé ruce nebo na
čele cejch, aby nemohl kupovat ani prodávat, kdo není
označen jménem té šelmy nebo číslicí jejího jména.
To je třeba pochopit: kdo má rozum, ať sečte číslice té
šelmy. To číslo označuje člověka, a je to číslo šest set
šedesát šest (Zjevení 13:16-18).

Co je znamení šelmy?

Šelmou se má na mysli počítač. Evropská unie (EU) vybuduje
své organizace s využitím počítačů. Pomocí počítačů EU bude
každému člověku dán na pravou ruku nebo na čelo čárový kód.
Čárový kód je znamení šelmy. Do čárového kódu budou vloženy
všechny druhy osobních informací, které každý jedinec má a
čárový kód bude implantován do těla. S tímto čárovým kódem
implantovaným do těla bude počítač EU schopen podrobně
monitorovat, sledovat, dohlížet a kontrolovat každého, kdekoliv
bude a cokoliv bude dělat.

Naše současné kreditní karty a občanské průkazy budou
nahrazeny znamením šelmy, číslem "666." Lidé už nebudou
potřebovat hotovost ani šeky. Už si nebudou muset dělat starosti
ohledně ztráty svého majetku nebo toho, že budou okradeni
o peníze. Velký význam těchto věcí bude vést k tomu, že se
znamení šelmy "666" za krátkou dobu rozšíří do celého světa a
bez tohoto znamení nebude moci být nikdo identifikován, ale

ani nebude moci cokoliv prodávat nebo kupovat.

Lidé budou přijímat znamení šelmy již od počátku sedmiletého velikého soužení, ale nebudou k tomu, aby ho přijali, nuceni. Dokud nebude organizace EU pevně zavedena, bude to mít pouze charakter doporučení. Jakmile skončí první polovina velikého soužení a organizace se stabilizuje, bude EU nutit každého, aby toto znamení přijal a neodpustí nikomu, kdo odmítne toto znamení přijmout. A tak EU spoutá lidi prostřednictvím znamení šelmy a povede je tam, kam bude chtít.

Nakonec bude většina lidí, kteří v průběhu sedmiletého velikého soužení zbudou, omezena vládou antikrista a vládou šelmy. Protože tento antikrist bude pod kontrolou nepřítele ďábla, EU způsobí, že se lidé postaví proti Bohu a povede je na cestu zla, nepravosti, hříchů a zkázy.

Někteří lidé se však vládě antikrista nepodvolí. Budou to ti, kdo věřili v Ježíše Krista, ale selhali a nebyli při druhém příchodu Pána vzati do nebe, protože neměli opravdovou víru.

Někteří z nich kdysi přijali Pána a žili pod Boží milostí, ale později tuto milost ztratili a vrátili se ke světu. Další zase hlásali svou víru v Krista a navštěvovali církev, ale žili světskými radostmi, protože neuspěli v získání duchovní víry. A jsou tu i jiní, kteří právě přijali Pána Ježíše Krista a také někteří Židé, kteří se díky vytržení probudili ze své duchovní dřímoty.

Když se stanou svědky reality vytržení, uvědomí si, že všechna slova ve Starém a Novém zákoně byla pravdivá a budou naříkat a tlouct hlavou do země. Budou přemoženi velkým strachem, budou se kát za to, že nežili podle Boží vůle a pokusí se najít cestu k získání spasení.

> *Za nimi letěl třetí anděl a volal mocným hlasem: "Kdo kleká před šelmou a před její sochou, kdo přijímá její cejch na čelo či na ruku, bude pít víno Božího rozhorlení, které Bůh nalévá neředěné do číše svého hněvu; a bude mučen ohněm a sírou před svatými anděly a před Beránkem. A jeho muka neuhasnou na věky věků a dnem ani nocí nedojde pokoje ten, kdo kleká před šelmou a jejím obrazem a nechal si vtisknout její jméno. Zde se ukáže vytrvalost svatých, kteří zachovávají Boží přikázání a věrnost Ježíši" (Zjevení 14:9-12).*

Kdokoliv přijme znamení šelmy, bude nucen poslouchat antikrista, který odporuje Bohu. Z tohoto důvodu Bible zdůrazňuje, že kdokoliv přijme znamení šelmy, nemůže dosáhnout spasení. Během velikého soužení budou ti, kdo znají tuto skutečnost, vyvíjet úsilí, aby znamení šelmy nemuseli přijmout a mohli tak podat důkaz, že mají víru.

Totožnost antikrista bude jasně odhalena. Bude mezi nečisté prvky společnosti zařazovat ty, kdo budou odporovat jeho politice a odmítat přijmout znamení a bude je vylučovat ze společnosti z důvodu rozbíjení sociálního míru. Bude je rovněž nutit k tomu, aby zapřeli Ježíše Krista a přijali znamení šelmy.

Odmítnou-li, bude následovat kruté pronásledování a jejich mučednictví.

Spasení mučednictvím v případě nepřijetí znamení šelmy

Mučení těch, kteří odmítnou přijmout znamení šelmy během velikého soužení, bude nepředstavitelně kruté. Bude pro ně velmi těžké toto velmi tíživé mučení ustát, takže se najde jenom pár lidí, kteří ho překonají a dostanou poslední příležitost ke spasení. Někteří z nich řeknou: "Nehodlám se vzdát své víry v Pána. Stále v něj ve svém srdci věřím. Mučení je pro mě tak zdrcující, že zapřu Pána pouze svými ústy. Bůh to pochopí a spasí mě" a potom přijmou znamení šelmy. Ale takto nebudou moci dosáhnout spasení.

Před několika lety, zatímco jsem se modlil, mi Bůh ve vidění zjevil, jak někteří z těch, kteří zůstanou na zemi během velikého soužení, odmítnou přijmout znamení šelmy a budou mučeni. Byla to vskutku strašlivá scéna! Trýznitelé jim stahovali kůži z těla, lámali jim všechny klouby v těle na kousky, uřezávali prsty na nohou i na rukou, paže a nohy a polévali těla vařícím olejem.

Během druhé světové války docházelo ke strašlivému vraždění a mučení a prováděly se rovněž lékařské experimenty na živých tělech. Toto mučení však nelze srovnávat s mučením lidí v době velikého soužení. Po vytržení bude antikrist, který je jedno s nepřítelem ďáblem, vládnout nad celým světem a nebude mít s nikým žádné slitování ani soucit.

Nepřítel ďábel a síly antikrista přesvědčí lidi, aby zapřeli Ježíše do té míry, aby je to zavedlo to pekla. Budou věřící mučit velmi obratnými metodami mučení a všemožnými krutými způsoby, aby je nezabili hned. Všemožné druhy metod mučení a moderních mučících nástrojů používaných pro mučení vnesou mezi věřící krajní zděšení a bolest. Ale hrozné mučení bude pouze pokračovat.

Mučení lidé si budou přát, aby brzy zemřeli, ale nebudou si moci zvolit smrt, protože antikrist je nezabije a oni budou dobře vědět, že sebevražedná smrt je nemůže nikdy dovést ke spasení.

Ve vidění mi Bůh ukázal, že většina těchto lidí nedokázala vydržet bolest doprovázející mučení a podvolili se antikristu. Na čas se zdálo, že někteří z nich vydrželi a překonali mučení silnou vůlí, ale když viděli své milované děti nebo rodiče, jak jsou mučeni stejným způsobem, zanechali odporu, podvolili se antikristu a přijali znamení šelmy.

Mezi těmito mučenými lidmi jich několik, kteří mají přímá srdce plná pravdy, překoná toto strašlivé mučení a chytrá pokušení antikrista a zemřou mučednickou smrtí. A tak se ti, kdo si udrží svou víru skrze mučednictví během velikého soužení, mohou účastnit slavnosti spasení.

Cesta ke spasení z nadcházejícího soužení

Když vypukla druhá světová válka, neměli Židé, kteří žili pokojné životy v Německu, žádné podezření, že je čeká tak strašlivý masakr jako povraždění 6 miliónů lidí. Nikdo nevěděl ani nemohl předvídat, že by se Německo, které jim dodávalo mír a relativní stabilitu, mohlo náhle v tak krátkém časovém období změnit v tak zlou sílu.

V té době, nevěda, co nastane, byli Židé bezmocní a nemohli udělat nic, aby se vyhnuli velikému utrpení. Bůh si pro svůj vyvolený lid přeje, aby se v blízké budoucnosti dokázal nadcházející katastrofě vyhnout. To je důvod, proč Bůh podrobně zaznamenal konec světa do Bible a nechal Boží muže Izrael před přicházejícím soužením varovat a probudit jej.

Nejdůležitější věc, kterou by měl Izrael vědět, je to, že se této katastrofě velikého soužení nedá vyhnout a namísto toho, aby před ní Izrael unikl, bude dostižen ve středu velikého soužení. Přeji vám, abyste si uvědomili, že k tomuto soužení dojde velmi brzy a pokud nebudete připraveni, přijde k vám jako zloděj. Jestliže chcete uniknout před strašlivou katastrofou, musíte se probrat ze své duchovní dřímoty.

Právě teď je čas, kdy se Izrael musí probudit! Izraelský lid musí činit pokání z toho, že nepoznal Mesiáše, přijmout Ježíše Krista jako Spasitele celého lidstva a získat opravdovou víru, kterou Bůh chce, aby jeho vyvolení měli, tak aby mohli být radostně vytrženi, až se Pán vrátí zpět v oblacích.

Nabádám vás, abyste měli na mysli, že antikrist se před vámi objeví jako posel míru, zrovna jako se na čas jevilo Německo před druhou světovou válkou. Nabídne mír a útěchu, ale potom se antikrist velmi rychle a zcela neočekávaně stane velikou silou, silou, která poroste v moci a přinese utrpení a katastrofu přesahující všechny naše představy.

Deset prstů

Bible má mnoho prorockých pasáží, které se odehrají až v budoucnosti. Obzvlášť, pokud se podíváme na proroctví zaznamenaná v knihách velkých proroků Starého zákona, zjistíme, že nám říkají předem nejenom o budoucnosti Izraele, ale rovněž o budoucnosti světa. Jaký myslíte, že to má důvod? Bohem vyvolený lid Izrael byl, je a bude ve středu dějin lidstva.

Veliká socha zaznamenaná v Danielově proroctví

Kniha Daniel prorokuje nejenom budoucnost Izraele, ale rovněž to, co se stane se světem v posledních dnech ve vztahu ke konci Izraele. V knize Daniel 2:31-33 vykládal Daniel díky Božímu vnuknutí sen krále Nebúkadnesara. Jeho výklad prorokoval, co se stane na konci věků tohoto světa.

Ty jsi, králi, viděl jakousi velikou sochu. Byla to obrovská socha a její lesk byl mimořádný. Stála proti tobě a měla strašný vzhled. Hlava té sochy byla z ryzího zlata, její hruď a paže ze stříbra, břicho a boky z mědi, stehna ze železa, nohy dílem ze železa a dílem z hlíny (Daniel 2:31-33).

Dívej se a poslouchej!

Co tedy prorokují tyto verše o situaci ve světě v posledních dnech?

"Veliká socha," kterou král Nebúkadnesar viděl ve svém snu, není nic jiného než Evropská unie. V dnešní době kontrolují svět dvě síly – Spojené státy americké a Evropská unie. Samozřejmě, že se nedá ignorovat vliv Ruska a Číny. Spojené státy americké a Evropská unie ale budou stále nejvlivnějšími silami na světě co se týče oblasti ekonomiky a vojenské síly.

V současné době se zdá, že je EU poněkud slabší, ale postupně se bude rozrůstat. Dnes o tom nikdo nepochybuje. Do této doby byly na světě výlučně dominantním národem USA, ale pomaloučku se po celém světě stává EU dominantnější než USA.

Ještě před několika desetiletími si nikdo nedokázal představit, že mohou být evropské země schopny sjednotit se do jednoho systému vlády. Samozřejmě, že evropské země projednávaly Evropskou unii po dlouhou dobu, ale nikdo si nemohl být jistý tím, že by nakonec mohly překročit překážky národní identity, jazyka, měny a mnoho jiných překážek, aby vytvořily jedno sjednocené tělo.

Na počátku druhé poloviny 80. let ale začali vůdci evropských zemí vážně projednávat tuto záležitost jednoduše kvůli ekonomickým zájmům. Během období studené války byla hlavní silou udržení si rozhodujícího vlivu ve světě vojenská síla, ale potom, co se studená válka blížila ke svému závěru, přesunula se hlavní síla od vojenské síly k síle ekonomické.

Aby se na to připravily, pokoušely se evropské země spojit a v důsledku toho se staly jednou ekonomickou unií. Jedinou věcí, kterou nyní zbývá udělat, je politické sjednocení, které přivede země dohromady jako jeden vládní systém. A situace se nyní vskutku žene tímto směrem.

"Byla to obrovská socha a její lesk byl mimořádný. Stála proti tobě a měla strašný vzhled," říká Daniel 2:31, čímž prorokuje růst a aktivitu Evropské unie. Říká nám, jak silná a mocná Evropská unie bude.

EU přijde, aby získala velikou moc

Jak bude Evropská unie schopná získat velikou moc? Daniel 2:32 a dále nám dává odpověď, která vysvětluje, z čeho jsou vyrobeny hlava, hruď, paže, břicho, boky, stehna a nohy sochy.

V první řadě, verš 32 říká: *"Hlava té sochy byla z ryzího zlata."* Toto prorokuje, že EU se bude ekonomicky vzmáhat a ovládat ekonomickou sílu prostřednictvím hromadění bohatství. Jak se zde prorokuje, EU bude prospívat a bude mít skrze ekonomickou jednotu veliké zisky.

Dále stejný verš říká: "její hruď a paže [byly] ze stříbra." To symbolizuje, že se EU bude jevit sociálně, kulturně a politicky jednotná. Až se bude volit jediný výkonný prezident, aby reprezentoval EU, dosáhne EU navenek politické jednoty a v sociálních a kulturních aspektech se zcela sjednotí. V pozadí neúplné jednoty však bude každý člen usilovat o svůj vlastní ekonomický prospěch.

Dále se zde říká: "břicho a boky [byly] z mědi." Toto symbolizuje, že EU dosáhne vojenské jednoty. Každá země EU chce být ekonomicky silná. Tato vojenská jednota bude v podstatě sloužit účelu ekonomického prospěchu, který je základním cílem. Aby se země spojily v uchopení moci a kontrolovaly svět skrze ekonomickou sílu, nezbude jim žádná jiná možnost, než se sjednotit v oblasti sociální, kulturní, politické a vojenské.

Nakonec je zde řečeno: "stehna ze železa." Toto se týká dalšího pevného základu, který posiluje a podporuje EU skrze náboženskou jednotu. V raném období bude EU prohlašovat za své oficiální náboženství katolicismus. Katolicismus získá na síle a stane se mechanismem podpory, aby posílil a udržel EU.

Duchovní význam deseti prstů

Když EU uspěje ve sjednocení mnoha zemí a jejich ekonomické, politické, sociální, kulturní, vojenské a náboženské sféry vlivu, předvede nejprve svou jednotu a moc, ale pozvolna začnou země zažívat známky neshod a rozpadu.

V raném období EU budou země EU jednotné, protože si navzájem budou dělat ústupky kvůli vzájemným ekonomickým výhodám. Ale, jak pokročí čas, narostou sociální, kulturní, politické a ideologické rozdíly a nastanou mezi nimi neshody. Potom se objeví různé známky rozporů. Nakonec vyjdou najevo náboženské konflikty – konflikty mezi katolicismem a protestantismem.

Daniel 2:33 říká, "*...nohy dílem ze železa a dílem z hlíny.*" To znamená, že některé z deseti prstů jsou ze železa a jiné z hlíny. Deset prstů se nevztahuje na "10 zemí EU." Vztahuje se to na "pět zastupitelských zemí věřících v katolicismus a pět jiných zastupitelských zemí věřících v protestantismus."

Zrovna jako železo a hlína nemohou být smíchány a spojeny, země, ve kterých je dominantní katolicismus a země, ve kterých převládá protestantismus, nemohou být plně jednotné. To znamená, že se ty, které jsou dominantní a ty, které jsou ovládány, nesmíchají.

Jak znamení neshod v EU porostou, budou země stále více pociťovat, že je nezbytné sjednotit země v oblasti náboženství a katolicismus získá více moci na více místech.

A tak vzhledem k ekonomickému prospěchu bude v posledních dnech vytvořena Evropská unie, která potom povstane s enormní mocí. Později EU sjednotí své náboženství v katolicismus a jednota EU ještě zesílí. Nakonec EU vyjde jako modla.

Modly jsou předměty, které lidé zbožňují a uctívají. V tomto smyslu bude EU vést světový proud s velikou mocí a vládnout nad světem jako mocná modla.

Třetí světová válka a Evropská unie

Jak bylo řečeno výše, když náš Pán znovu přijde v oblacích na konci věků tohoto světa, bezpočet věřících bude současně vzato do oblak a na zemi dojde k strašnému chaosu. Mezitím se EU chopí moci a za krátkou dobu bude ovládat svět ve jménu zachování míru a řádu celého světa, později ale bude EU odporovat Pánu a vést sedmileté veliké soužení.

Později se členové EU oddělí, protože budou jednotlivě usilovat o svůj vlastní prospěch. Toto se stane vprostřed sedmiletého velikého soužení. Počátek tohoto velikého soužení, jak se prorokuje ve 12. kapitole knihy Daniel, se bude dít v souladu s tokem dějin Izraele a dějin světa.

Právě po zahájení velikého soužení bude EU stoupající měrou získávat obrovskou moc a sílu. Bude volit jediného výkonný prezidenta Unie. Dojde k tomu právě potom, co ti, kdo přijali Ježíše Krista jako svého Spasitele a získali právo stát se Božími dětmi, budou při druhém příchodu Pána v oblacích okamžitě proměněni a vzati do nebe.

Většina Židů, kteří nepřijali Ježíše jako Spasitele, zůstane na zemi a bude trpět v sedmiletém velikém soužení. Utrpení a hrůza tohoto soužení budou strašlivé a budou přesahovat veškeré naše představy. Země bude plná největších srdcervoucích událostí včetně válek, vraždění, poprav, hladomorů, nemocí a pohrom horších než cokoliv, co se v dějinách lidstva kdy přihodilo.

Počátek sedmiletého velikého soužení bude v Izraeli signalizován válkou, která propukne mezi Izraelem a Středním východem. Mezi Izraelem a zbytkem národů Středního východu panuje dlouho přílišné napětí a rozepře o hranice nikdy neustaly. V budoucnu se tyto rozepře zhorší. Vypukne krutá válka, protože se světové velmoci budou plést do záležitostí týkajících se ropy. Budou navzájem vést spory, aby získaly větší díl a převahu v mezinárodních záležitostech.

Spojené státy, které byly po velmi dlouhou dobu tradičním spojencem Izraele, budou Izrael podporovat. Evropská Unie, Čína a Rusko, které budou proti USA, se spojí se Středním východem a potom mezi oběma stranami vypukne třetí světová válka.

Ve svém rozsahu bude třetí světová válka naprosto jiná než druhá světová válka. Ve druhé světové válce bylo zabito nebo zemřelo v důsledku války více než 50 miliónů lidí. Nyní se síla moderních zbraní včetně jaderných bomb, chemických a biologických zbraní a mnoha jiných nedá ani zdaleka srovnávat s těmi z druhé světové války a dosah jejich použití bude mít nepředstavitelně strašlivé následky.

Všechny druhy zbraní včetně jaderných bomb a různých moderních zbraní, které byly od té doby vynalezeny, budou nemilosrdně použity a bude následovat nepopsatelná zkáza a vraždění. Země, které budou vést válku, budou zcela zničené a zbídačené. To ale nebude konec války. Jaderná exploze bude následována radioaktivitou a radioaktivním znečištěním, zemi postihne vážná změna klimatu a nejrůznější katastrofy. V důsledku toho nastane na celé zeměkouli stejně jako v těchto zemích, které povedou válku, peklo na zemi.

Uprostřed války se zastaví útoky jadernými zbraněmi, protože pokud by se dále používaly jaderné zbraně, ohrozilo by to existenci celého lidstva. Ale všechny ostatní zbraně a veliké množství armád válku urychlí. USA, Čína a Rusko již nebudou schopné se vzpamatovat.

Většina zemí světa téměř zkolabuje, ale EU nejpustošivějším škodám unikne. EU přislíbí Číně a Rusku svou podporu, ale během války se nebude aktivně účastnit bojů, takže neutrpí tak veliké ztráty jako ostatní.

Když mnoho světových velmocí včetně USA utrpí velké ztráty a ztratí moc ve smršti nebývalého válčení, EU se stane jedinou nejmocnější národní aliancí a bude vládnout nad světem. Nejprve bude EU jednoduše sledovat vývoj války a když budou ostatní země ekonomicky i vojensky zcela zničené, potom EU vyjde a začne válku řešit. Ostatní země nebudou mít jinou možnost, než se držet rozhodnutí EU, protože ztratily všechnu svou moc.

Od tohoto okamžiku začne druhá polovina velikého soužení a po nastávající tři a půl roku bude antikrist, který je vládcem EU, řídit celý svět a prohlásí se za svatého. Tento antikrist bude mučit a pronásledovat ty, kdo se postaví proti němu.

Odhalení skutečné povahy antikrista

V raném období třetí světové války utrpí několik zemí veliké válečné ztráty a EU jim přislíbí ekonomickou podporu skrze Čínu a Rusko. Izrael bude obětován jako ústřední ohnisko války a v té době EU slíbí postavit svatý Boží chrám, po kterém Izrael tolik toužil. S tímto uklidněním od EU bude Izrael snít o oživení své slávy, z které se těšil díky Božímu požehnání před velmi dlouhou dobou. V důsledku toho se rovněž spojí s EU.

Díky své podpoře Izraele bude prezident EU považován za spasitele Židů. Bude se zdát, že se zdlouhavé válčení na Středním východě blíží ke konci a Izrael znovu obnoví Svatou zemi a postaví svatý Boží chrám. Izraelité budou věřit, že Mesiáš a jejich Král, na kterého tak dlouho čekali, konečně přišel a zcela obnovil Izrael a hodlá jej oslavit.

Ale jejich očekávání a radost brzy spadnou z nebe na tvrdou zem. Když se zrekonstruuje svatý Boží chrám v Jeruzalémě, stane se něco neočekávaného. To bylo prorokováno v knize Daniel.

Vnutí svou smlouvu mnohým v jednom týdnu a v polovině toho týdne zastaví obětní hod i oběť přídavnou. Hle, pustošitel na křídlech ohyzdné modly, než se naplní čas a na pustošitele bude vylito rozhodnutí (Daniel 9:27).

Jeho paže se napřáhnou a znesvětí svatyni i pevnost, vymýtí každodenní oběť a dají tam ohyzdnou modlu pustošitele (Daniel 11:31).

Od doby, kdy bude odstraněna každodenní oběť a vztyčena ohyzdná modla pustošitele, uplyne tisíc dvě stě devadesát dní (Daniel 12:11).

Tyto tři verše narážejí všechny na jedinou událost, kterou mají společnou. Jde o událost, která se přihodí na konci věků a Ježíš v následujícím verši rovněž mluvil o konci věků.

V Matoušovi 24:15-16 řekl: *"Když pak uvidíte 'znesvěcující ohavnost', o níž je řeč u proroka Daniele, jak stojí na místě svatém – kdo čteš, rozuměj – tehdy ti, kdo jsou v Judsku, ať uprchnou do hor."*

Nejprve Židé uvěří, že EU opravila svatý Boží chrám ve Svaté zemi, který považují za svatý, ale když se na svaté místo postaví hnus, budou šokováni a uvědomí si, že jejich víra byla do té doby mylná. Všimnou si, že odvrátili své oči od Ježíše Krista a že on je jejich Mesiáš a Spasitel lidstva.

To je pravý důvod, proč se Izrael musí probudit už teď. Pokud se nyní Izrael neprobudí, nebude schopen si v pravý čas uvědomit pravdu. Izrael si uvědomí pravdu příliš pozdě, a tak to bude neodvolatelné.

A tak ti dychtivě přeji, Izraeli, aby ses probudil a nemusel upadnout do pokušení antikrista a přijmout znamení šelmy. Jestliže budeš oklamán uhlazenými a lákavými slovy antikrista, která ti budou slibovat mír a prosperitu a přijmeš znamení šelmy "666," budeš nucen spadnout na cestu neodvolatelné a věčné smrti.

Politováníhodnější je ale to, že pouze až se odhalí totožnost šelmy, jak prorokoval Daniel, uvědomí si mnoho Židů, že zaměření jejich víry je mylné. Prostřednictvím této knihy si přeji, abyste přijali Mesiáše, kterého už Bůh poslal a vyhnuli se pádu do sedmiletého velikého soužení.

Proto, jak jsem vám již výše řekl, musíte přijmout Ježíše Krista a získat víru, která je v Božích očích správná. Je to pro vás jediná cesta, jak můžete uniknout velikému soužení.

Jaká by byla škoda, kdybyste selhali a nebyli vzati do nebe a Bůh by vás zanechal na zemi při druhém příchodu Pána! Naštěstí ale naleznete poslední šanci pro své spasení.

Naléhavě vás žádám, abyste ihned přijali Ježíše Krista a žili ve společenství s bratry a sestrami v Kristu. Ani teď pro vás není příliš pozdě, abyste se dozvěděli díky Bibli a této knize, jak máte udržet svou víru v nadcházejícím velikém soužení, jak máte nalézt cestu, kterou Bůh připravil pro vaši poslední příležitost ke spasení a jak máte směřovat na pravou cestu.

Neutuchající Boží láska

Bůh naplnil svou prozíravost pro spasení člověka skrze Ježíše Krista a kdokoliv přijme Ježíše jako svého Spasitele a koná Boží vůli bez ohledu na rasu a národ, toho Bůh učiní svým dítětem a umožní mu těšit se z věčného života.

Ale co se stane s Izraelem a jeho lidem? Mnoho z nich nepřijalo Ježíše Krista a stojí daleko od cesty ke spasení. Je veliká škoda, že selžou a neuvědomí si cestu spasení skrze Ježíše Krista dokonce až do doby, kdy Pán znovu přijde v oblacích a vezme spasené Boží děti s sebou ze země do oblak!

Co se potom stane s Božím vyvoleným Izraelem? Budou Izraelité vyloučeni z průvodu spasených Božích dětí? Bůh lásky připravil pro Izrael svůj úžasný plán v poslední chvíli historie lidstva.

Bůh není člověk, aby lhal, ani lidský syn, aby litoval. Zdali řekne, a neučiní, promluví, a nedodrží? (Numeri 23:19)

Jaká je poslední prozíravost, kterou Bůh plánoval pro Izrael na konci věků? Bůh připravil pro svůj vyvolený Izrael cestu "paběrkového spasení," aby mohli Izraelité dojít spasení tak, že si uvědomí, že Ježíš, kterého ukřižovali, je pravý Mesiáš, kterého očekávali tak dlouho a že budou před Bohem činit úplné pokání ze svých hříchů.

Paběrkové spasení

Během sedmiletého velikého soužení někteří lidé, kteří budou zanecháni na zemi, z důvodu, že se stanou svědky toho, jak bylo mnoho lidí vzato do nebe a protože dospějí k pravdě, uvěří a přijmou ve svém srdci skutečnost, že nebe a peklo opravdu existují, Bůh je živý a Ježíš Kristus je naším jediným Spasitelem. Navíc se budou snažit o to, aby nepřijali znamení šelmy. Po vytržení budou proměněni, budou číst Boží slovo zaznamenané v Bibli, scházet se a mít bohoslužby a pokoušet se žít podle Božího slova.

V raném období velikého soužení bude mnoho lidí schopno vést zbožný život a dokonce evangelizovat druhé, protože zde ještě nebude organizované pronásledování. Tito lidé nepřijmou znamení šelmy, protože už budou vědět, že se znamením nemohou získat spasení a udělají všechno proto, aby žili život, díky kterému budou hodni získat spasení i během velikého soužení. Bude pro ně ale velmi těžké udržet si víru, protože Duch svatý už opustil v té době svět.

Mnoho z nich bude prolévat spoustu slz, protože nebudou mít nikoho, kdo by vedl bohoslužby a pomáhal jim růst ve víře. Budou muset udržet svou víru bez Boží ochrany a síly. Budou truchlit, protože budou litovat, že nenásledovali vyučování Božího slova, ačkoliv jim bylo oznámeno, aby přijali Ježíše Krista a žili věrné životy věřících. Budou si muset udržet svou víru při všemožných zkouškách a pronásledování na tomto světě, na kterém budou mít obtíže v hledání pravého Božího slova.

Někteří z nich se budou ukrývat hluboko v odlehlých horách, aby nemuseli přijmout znamení šelmy, '666.' Budou muset hledat kořínky rostlin a stromů a zabíjet zvířata kvůli potravě, protože bez znamení šelmy nebudou moci nic koupit ani prodat, aby získali jídlo. Ale v průběhu druhé poloviny velikého soužení, po dobu tři a půl roku, bude armáda antikrista pronásledovat věřící nekompromisně a důsledně. Nebude záležet na tom, v jak odlehlých horách se budou ukrývat, armáda je odhalí a odveze s sebou.

Vláda šelmy zadrží ty, kteří nepřijali znamení šelmy a bude je krutým mučením nutit k tomu, aby zapřeli Pána a přijali znamení šelmy. Nakonec mnoho z nich podlehne a nebudou mít jinou možnost, než přijmout znamení kvůli strašlivé bolesti a hrůze prodělané ve vazbě.

Armáda je nahé pověsí na zeď a propíchne jejich těla špendlíky. Stáhnou jim kůži z celého těla od hlavy až k patě. Budou před jejich očima mučit jejich děti. Mučení, které jim armáda uloží, bude nepřiměřeně kruté, takže bude opravdu velmi těžké, aby zemřeli mučednickou smrtí.

Z tohoto důvodu jen pár těch, kteří překonají všechna mučení pevnou silou vůle přesahující hranice lidských sil a zemřou mučednickou smrtí, bude moci získat spasení a dosáhnout nebe. A tak budou někteří lidé spaseni, protože během velikého soužení pod vládou antikrista udrželi svou víru, aniž by zradili Pána a obětovali svůj život v mučednictví. Toto se nazývá " paběrkové spasení."

Bůh má rovněž hluboká tajemství, která připravil pro paběrkové spasení svého vyvoleného Izraele. Jedná se o dva svědky a místo Petru.

Zjevení dvou svědků a jejich služba

Kniha Zjevení 11:3 říká: *"A povolám své dva svědky, a oblečeni v smuteční šat budou prorokovat tisíc dvě stě šedesát dní."* Dva svědkové jsou lidé, které Bůh předurčil ve svém plánu už před počátkem věků k tomu, aby spasili jeho vyvolený Izrael. Budou svědčit Židům v Izraeli o tom, že Ježíš Kristus je jediný Mesiáš, který byl předpovězen ve Starém zákoně.

Bůh se mnou o dvou svědcích mluvil. Pověděl mi o nich, že nejsou tak staří, že chodí v pravdě a mají přímá srdce. Dal mi vědět, jaké vyznání jeden z nich před Bohem udělal. Jeho vyznání říká, že věřil v judaismus, ale slyšel, že mnoho lidí věří v Ježíše Krista jako Spasitele a mluví o něm. Takže se modlil k Bohu, aby mu pomohl rozpoznat, co je správné a pravé:

"Ó, Bože!

Co je to za nepokoj v mém srdci?
Věřím, že všechny věci,
které jsem od mládí slýchával od svých rodičů,
jsou pravdivé,
ale co je to za nepokoj a otázky,
které se vkrádají do mého srdce?

Mnoho lidí mluví a vypráví o Mesiáši.

Kdyby mi tak někdo mohl poskytnout
spolehlivý a jasný důkaz,
zda je správné věřit jim
nebo věřit pouze tomu, co jsem slýchával od mládí,
byl bych neskonale rád a vděčný.

Ale ničemu nerozumím
a abych následoval to, o čem tito lidé mluví,
musel bych pohlížet na všechny ty věci,
kterých jsem se od mládí držel,
jako na nesmyslné a pošetilé.
Co je v tvých očích správné?

Bože Otče!
Jestli ty chceš,
ukaž mi člověka,
který dokáže všechno potvrdit a všemu rozumět.
Nech ho jít přede mnou a vyučovat mě,

co je opravdu správné a co je skutečná pravda.

Když vzhlédnu k obloze,
cítím podivný nepokoj ve svém srdci
a pokud někdo dokáže vyřešit tento problém,
prosím, ukaž mi ho.

Nedokážu ve svém srdci zradit všechny věci,
kterým jsem věřil.
Jak přemýšlím o všech těchto věcech,
jestliže je zde někdo,
kdo mě může vyučovat a zjevit mi je,
kéž by mi mohl zjevit, že je to pravda.
Nebude to potom tak, že zradím všechny věci,
které jsem se naučil a znal.

Proto, Bože Otče!
Prosím, zjev mi to.

Dej, abych všem těmto věcem porozuměl.

Jsem znepokojený z tak mnoha věcí.
Věřím, že všechny věci,
o kterých jsem doposud slyšel, jsou pravdivé.

Ale jak o nich znovu a znovu přemýšlím,
mám mnoho otázek a má žízeň není uhašena;

Dívej se a poslouchej!

Proč je tomu tak?

Proto, kéž bych jen mohl rozumět všem těmto věcem
a být si jimi jistý;
kéž bych si jen mohl být jistý, že to není zrada
proti cestě, po které jsem kráčel doposud;
kéž bych jen mohl vidět, co je pravda;
kéž bych jen mohl pochopit všechny věci,
o kterých pořád přemýšlím,
potom bych mohl mít ve svém srdci pokoj."

Dva svědkové, kteří jsou Židé, hluboce hledají ryzí pravdu a Bůh jim odpoví a pošle jim Božího muže. Prostřednictvím Božího muže si uvědomí prozíravost Božího tříbení člověka a přijmou Ježíše Krista. Zůstanou na zemi během velikého soužení a budou konat službu týkající se pokání a spasení Izraele. Obdrží zvláštní Boží moc a budou svědčit Izraeli o Ježíši Kristu.

Vyjdou v Božích očích plně posvěceni a budou konat svou službu po dobu 42 měsíců, jak je napsáno ve Zjevení 11:2. Důvodem pro to, že dva svědkové pocházejí z Izraele, je to, že začátkem a koncem evangelia je Izrael. Evangelium šířil po světě apoštol Pavel a nyní, když evangelium znovu dosáhne k Izraeli, který je jeho startovacím místem, bude dílo evangelia úplné.

Ve Skutcích 1:8 Ježíš řekl: *"Ale dostanete sílu Ducha svatého, který na vás sestoupí, a budete mi svědky v Jeruzalémě a v celém Judsku, Samařsku a až na sám konec země."* Spojení "na sám konec země" zde odkazuje na Izrael, který je konečným místem určení evangelia.

Dva svědkové budou kázat poselství kříže Židům a budou jim vysvětlovat cestu spasení se zapálenou Boží mocí. Budou předváděl úžasné zázraky a zázračná znamení potvrzující poselství. Budou mít moc uzavřít nebesa, aby nebylo deště za dnů jejich prorokování, a budou mít moc proměnit vody v krev a sužovat zemi všemi možnými pohromami, kdykoliv budou chtít.

Díky tomu se mnoho Židů vrátí k Pánu, ale ve stejné době bude svědomí jiných nalomeno a pokusí se dva svědky zabít. Nejenom tito Židé, ale rovněž mnoho špatných lidí z jiných zemí pod kontrolou antikrista bude krutě nenávidět tyto dva svědky a pokusí se je zabít.

Mučednictví dvou svědků a jejich vzkříšení

Moc, kterou tito dva svědkové budou mít, bude tak veliká, že se nikdo neodváží jim ublížit. Nakonec se na jejich zabití budou podílet vládní orgány národa. Ale důvodem, proč budou dva svědkové zabiti, nebudou vládní orgány národa, ale bude to Boží vůle pro ně, být umučeni v určený čas. Místo, kde budou umučeni, nebude žádné jiné místo než místo Ježíšova ukřižování a naznačuje to jejich vzkříšení.

Když byl Ježíš ukřižován, strážili jeho hrob římští vojáci, aby nikdo nemohl vzít jeho tělo. Ale jeho tělo nebylo později spatřeno, protože byl vzkříšen. Lidé, kteří nechají zabít dva svědky, na to budou pamatovat a budou si dělat starosti, aby někdo nemohl vzít jejich těla. Takže nedovolí, aby byla jejich těla pochována v hrobě, ale položí jejich mrtvá těla na ulici, aby se všichni lidé na světě mohli na jejich mrtvá těla podívat. Při tomto pohledu se budou tito zlí lidé, jejichž svědomí bylo nalomeno kvůli evangeliu, které tito dva svědkové kázali, radovat z jejich smrti.

Celý svět se bude radovat a oslavovat a hromadné sdělovací prostředky budou šířit zprávu o jejich smrti do celého světa skrze satelity po tři a půl dne. Po třech a půl dnech však dojde ke vzkříšení dvou svědků. Budou znovu oživeni, vstanou a budou vzati do nebe v oblaku slávy zrovna jako Eliáš vystupoval do nebe ve vichru. Tato úžasná scéna se bude vysílat po celém světě a bude ji sledovat bezpočet lidí.

A v tu hodinu dojde k velikému zemětřesení, desetina města se zřítí a sedm tisíc lidí bude při zemětřesení zabito. Zjevení 11:3-13 to dopodrobna popisuje následovně:

A povolám své dva svědky, a oblečeni v smuteční šat budou prorokovat tisíc dvě stě šedesát dní. To jsou ty dvě olivy a ty dva svícny, které stojí před Pánem země. A kdyby jim chtěl někdo ublížit, vyšlehne oheň z jejich úst a sežehne jejich nepřátele; takto zahyne každý, kdo by jim chtěl ublížit. Ti dva svědkové mají moc uzavřít nebesa, aby nebylo deště za dnů jejich prorokování, a mají moc proměnit vody v krev a sužovat zemi všemi možnými pohromami, kdykoliv budou chtít. Až ukončí své svědectví, vynoří se z propasti dravá šelma, svede s nimi bitvu, přemůže je a usmrtí. Jejich těla zůstanou ležet na náměstí toho velikého města, které se obrazně nazývá Sodoma a Egypt, kde byl také ukřižován jejich Pán. Lidé ze všech národů, čeledí, jazyků a kmenů budou hledět tři a půl dne na jejich mrtvá těla a nedovolí je pochovat. Obyvatelé země budou z toho mít radost, budou jásat a navzájem si posílat dary, protože tito dva proroci jim nedopřáli klidu. Ale po třech a půl dnech vstoupil do nich duch života přicházející od Boha, postavili se na nohy a hrůza padla na ty, kdo to viděli. Tu uslyšeli ti dva proroci mocný hlas z nebe: "Vstupte sem!" A vstoupili do nebe v oblaku, a jejich nepřátelé na to hleděli. V tu hodinu nastalo veliké zemětřesení, desetina toho města se zřítila a v zemětřesení zahynulo sedm tisíc lidí. Ostatních se zmocnil strach a vzdali čest Bohu na nebesích (Zjevení 11:3-13).

Nezáleží na tom, jak vzpurní budou, jestliže budou mít v srdci alespoň trochu dobroty, uvědomí si, že veliké zemětřesení, vzkříšení a nanebevstoupení dvou svědků jsou Božím dílem a vzdají Bohu slávu. A budou nuceni uznat skutečnost, že Ježíš byl před 2000 lety vzkříšen Boží mocí. Bez ohledu na všechny tyto události někteří zlí lidé Bohu slávu nevzdají.

Všechny z vás proto naléhavě žádám, abyste přijali Boží lásku.

Až do poslední chvíle si Bůh bude přát vás spasit a bude si přát, abyste poslechli ty dva svědky. Ti dva svědkové budou svědčit s velikou Boží mocí o tom, že přicházejí od Boha. Probudí mnoho lidí Boží láskou a Boží vůlí pro ně. A povedou vás k tomu, abyste se chopili poslední příležitosti ke spasení.

Naléhavě vás žádám, abyste nestáli vedle nepřátel, kteří patří ďáblu, jež vás povede na cestu zkázy, ale poslechli ty dva svědky a dosáhli spasení.

Petra, útočiště Židů

Dalším tajemstvím, které Bůh předurčil pro svůj vyvolený Izrael, je Petra, úkryt během sedmiletého velikého soužení. Izajáš 16:1-4 o tomto místě zvaném Petra mluví takto:

> Pošlete beránka Vládci země ze Sély pouští na horu sijónské dcery. I budou jako vyplašení ptáci, vyhnaní z hnízda, moábské dcery při arnónských brodech. "Svolejte radu, učiňte rozhodnutí. V samé poledne ať je tvůj stín jak noc, ukryj zahnané, neprozrať vyplašené; Moábe, ať moji zahnaní jsou tvými hosty, před zhoubcem buď jejich skrýší. Utlačovatel, ten vezme za své, zhouba skončí. Ze země vymizejí ti, kdo ji podupali."

Moábská země označuje jordánskou zemi na východě Izraele. Petra je archeologické místo na jihozápadě Jordánu ležící na úbočí hory Hor v kotlině mezi horami, které tvoří východní křídlo Arabah (Vádí al-Araba), nejrozsáhlejšího údolí rozkládajícího se od Mrtvého moře až k Akabskému zálivu. Petra je obvykle ztotožňována se Selou, která rovněž znamená skálu, biblické reference se nacházejí ve 2 Královské 14: 7 a Izajáši 16:1.

Potom, co Pán znovu přijde v oblacích, přijme spasené lidi a bude si užívat sedmileté svatební hostiny. Potom sestoupí na zemi spolu s nimi a bude vládnout světu během milénia. Na sedm let, od druhého Pánova příchodu v oblacích kvůli vytržení po jeho sestoupení na zemi, pokryje zemi veliké soužení a po tři a půl roku během druhé poloviny velikého soužení – po 1260 dní, se bude izraelský lid ukrývat na místě připraveném podle Božího plánu. Tímto místem úkrytu bude Petra (Zjevení 12:6-14).

Proč tedy budou Židé potřebovat úkryt?

Potom, co si Bůh vyvolil Izrael, byl Izrael napadán a pronásledován početnými pohanskými rasami. Důvodem je to, že se ďábel, který vždy odporuje Bohu, pokoušel zabránit tomu, aby Izrael přijímal od Boha požehnání. To samé se stane během konce věků tohoto světa.

Když si Židé skrze sedmileté veliké soužení uvědomí, že jejich Mesiáš a Spasitel je Ježíš, který přišel na tuto zemi před 2000 lety a pokusí se činit pokání, ďábel je bude až do konce pronásledovat, aby Židům zabránil udržet si jejich víru.

Bůh, který ví všechno, připravil pro svůj vyvolený Izrael úkryt, kterým chce projevit svou lásku k nim a nehodlá svou pozornou láskou k nim šetřit. Na základě této lásky a Božího plánu vstoupí Izrael do Petry, aby uniknul před zhoubci.

Jak řekl Ježíš v Matoušovi 24:16: *"Tehdy ti, kdo jsou v Judsku, ať uprchnou do hor,"* Židé budou moci uniknout před sedmiletým velikým soužením do úkrytu do hor, udržet si svou víru a dosáhnout zde spasení.

Když anděl smrti zničil všechny prvorozené v Egyptě, Židé tajně rychle kontaktovali jeden druhého a unikli stejné ráně tak, že vzali trochu krve beránka a potřeli jí obě veřeje i nadpraží u svých domů.

Stejným způsobem budou Židé rychle kontaktovat jeden druhého ohledně toho, kam jít a přesunou se do úkrytu dříve, než je začne vláda antikrista zatýkat. Budou o Petře vědět, protože mnoho evangelistů ustavičně o úkrytu vypovídalo a dokonce i ti, kteří tomu nevěřili, změní svůj názor a úkryt vyhledají.

Tento úkryt však nebude moci pojmout příliš mnoho lidí. Ve skutečnosti mnoho lidí, kteří činili pokání díky dvěma svědkům, neuspěje a neukryje se v Petře, udrží si však svou víru během velikého soužení a potom zemře mučednickou smrtí.

Boží láska projevená skrze dva svědky a Petru

Milí bratři a sestry, ztratili jste vyhlídku na spasení skrze vytržení? Potom neváhejte a jděte do Petry, kde vás čeká poslední příležitost ke spasení z Boží milosti. Brzy přijdou s antikristem hrozné pohromy. Musíte se ukrýt v Petře dříve, než se zavřou dveře k poslední milosti díky antikristovým překážkám.

Nevyužili jste šanci a nedostali se do Petry? Potom existuje jediný způsob, jak dosáhnout spasení a vejít do nebe, nezapřít Pána a nepřijmout znamená šelmy "666." Musíte překonat všechny druhy strašlivého mučení a zemřít mučednickou smrtí. Nebude to vůbec jednoduché, ale budete to muset udělat, abyste unikli před věčným mučením v hořícím jezeře.

Vroucně si přeji, abyste se neodvrátili od cesty spasení a neustále pamatovali na Boží neutuchající lásku k vám a statečně všechno překonali. Zatímco zápasíte, bojujete proti všemožnému pokušení a stíhá vás pronásledování antikrista, my bratři a sestry ve víře se horlivě modlíme za vaše vítězství.

Ale naší opravdovou touhou je, abyste přijali Ježíše Krista ještě před tím, než dojde ke všem těmto věcem, byli vzati do nebe spolu s námi a vešli na svatební hostinu, když náš Pán znovu přijde. Bez ustání se modlíme v slzách lásky, aby Bůh pamatoval na skutky vašich velkých otců a smlouvy, které s nimi uzavřel a dal vám ještě jednou velikou milost spasení.

Ve své veliké lásce Bůh připravil dva svědky a Petru, abyste mohli přijmout Ježíše Krista jako Mesiáše a Spasitele a dosáhnout tak spasení. Až do poslední chvíle v dějinách lidstva vás nabádám, abyste pamatovali na tuto neutuchající lásku našeho Boha, který to s vámi nikdy nevzdá.

Předtím, než vám poslal dva svědky během přípravy na nadcházející veliké soužení, poslal Bůh lásky Božího muže a nechal ho, aby vám pověděl, co se stane na konci věků tohoto světa a dovedl vás tímto na cestu spasení. Bůh nechce, aby ani jediný z vás zůstal uprostřed sedmiletého velikého soužení. Třebaže zůstanete po vytržení na zemi, Bůh chce, abyste se vzchopili a sevřeli poslední nitku vedoucí ke spasení. To je veliká Boží láska.

Už to nebude dlouho trvat a sedmileté veliké soužení začne. V tomto největším nebývalém soužení v celé historii lidstva náš Bůh naplní svůj láskyplný plán pro Izrael. Dějiny tříbení člověka budou dokončeny spolu s dovršením dějin Izraele.

Předpokládejme, že Židé by pochopili skutečnou Boží vůli a okamžitě přijali Ježíše jako svého Spasitele. Potom, i kdyby měly být izraelské dějiny zaznamenané v Bibli opraveny a znovu napsány, Bůh by to ochotně udělal. To proto, že Boží láska k Izraeli přesahuje veškeré naše představy.

Mnoho Židů ale šlo, jde a půjde svou vlastní cestou, dokud nedojde ke kritické chvíli. Všemohoucí Bůh, který ví o všem, co se v budoucnosti stane, předurčil poslední šanci pro vaše spasení a vede vás svou neutuchající láskou.

Hle, posílám k vám proroka Eliáše, dříve než přijde den Hospodinův veliký a hrozný. On obrátí srdce otců k synům a srdce synů k otcům, abych při svém příchodu nestihl zemi klatbou (Malachiáš 4:5-6).

Vzdávám všechny své díky a slávu Bohu, který svou nekonečnou láskou vede na cestu spasení nejenom svůj vyvolený Izrael, ale také všechny lidi ze všech národů.

Autor:
Dr. Jaerock Lee

Dr. Jaerock Lee se narodil v roce 1943 v Muanu, v provincii Jeonnam, v Korejské republice. Ve svých dvaceti letech trpěl Dr. Lee po dobu sedmi let rozmanitými nevyléčitelnými chorobami a očekával smrt bez jakékoliv naděje na uzdravení. Jednoho jarního dne v roce 1974 ho jeho sestra odvedla na církevní shromáždění a když poklekl, aby se pomodlil, živý Bůh ho okamžitě uzdravil ze všech jeho nemocí.

Od chvíle, kdy se skrze tuto úžasnou zkušenost Dr. Lee setkal s živým Bohem, začal Boha upřímně milovat celým svým srdcem a v roce 1978 byl povolán k tomu, aby se stal Božím služebníkem. Vroucně se modlil, aby mohl jasně porozumět Boží vůli, cele ji vykonávat a být poslušný celému Božímu slovu. V roce 1982 založil v Soulu, v Jižní Koreji, církev Manmin Central Church, kde se koná nesčetné Boží dílo včetně nadpřirozených uzdravení a zázraků.

V roce 1986 byl Dr. Lee při výročním shromáždění církve Jesus' Sungkyul Church of Korea ustanoven pastorem a o čtyři roky později, v roce 1990, začala být jeho kázání vysílána prostřednictvím rozhlasových stanic Far East Broadcasting Company, the Asia Broadcast Station a the Washington Christian Radio System v Austrálii, Rusku, na Filipínách a v mnoha dalších zemích.

O tři roky později, v roce 1993, byla církev Manmin Central Church vybrána časopisem *Christian World* (USA) mezi "50 nejpřednějších církví na světě" a Dr. Lee obdržel od fakulty Christian Faith College na Floridě čestný doktorát z teologie. V roce 1996 získal za svou službu od semináře Kingsway Theological Seminary v Iowě titul Ph. D.

Od roku 1993 převzal Dr. Lee vedení světové misie prostřednictvím mnoha zahraničních cest do Tanzánie, Argentiny, Ugandy, Japonska, Pákistánu, Keni, na Filipíny, do Hondurasu, Indie, Ruska, Německa, Peru, Demokratické Republiky Kongo a New Yorku v USA, Izraele a Estonska a v roce 2002 byl většinou křesťanských novin v Koreji kvůli své práci na rozmanitých zahraničních cestách nazván "celosvětovým pastorem."

K Dubna 2013 je církev Manmin Central Church kongregací s více než 100 000 členy. Má rovněž 10 000 domácích a zahraničních poboček po celé zeměkouli. Až doposud vyslala více než 129 misionářů do 23 zemí včetně Spojených států, Ruska, Německa, Kanady, Japonska, Číny, Francie, Indie, Keni a mnoha dalších.

K tomuto dni napsal Dr. Lee 84 knih včetně bestselerů *OOchutnání Věčného Života před Smrtí, Můj Život Má Víra, Poselství Kříže, Měřítko Víry, Nebe I & II, Peklo, Probuď se, Izraeli!* a *Boží Moc* a jeho práce byla přeložena do více než 74 jazyků.

Jeho křesťanské sloupky se objevují v *The Hankook Ilbo, The JoongAng Daily, The Chosun Ilbo, The Dong-A Ilbo, The Munhwa Ilbo, The Seoul Shinmun, The Kyunghyang Shinmun, The Korea Economic Daily, The Korea Herald, The Shisa News, a v The Christian Press.*

Dr. Lee je v současné době vedoucím mnoha misionářských organizací a asociací včetně: předseda The United Holiness Church of Jesus Christ; prezident Manmin World Mission; zakladatel & předseda výboru Global Christian Network (GCN); zakladatel & předseda výboru World Christian Doctors Network (WCDN); a zakladatel & předseda výboru Manmin International Seminary (MIS).

Nebe I & II

Podrobný náčrt úžasného životního prostředí, z kterého se budou těšit nebeští občané a krásný popis různých úrovní nebeských království.

Můj Život, Má Víra I & II

Nejvoňavější duchovní vůně vytažená z života, který vykvetl z nepřekonatelné Boží lásky uprostřed temných vln, chladného jha a nejhlubšího zoufalství.

Poselství Kříže

Mocné poselství vyzývající k probuzení všechny lidi, kteří duchovně spí! V této knize najdete skutečnou Boží lásku a důvod, proč je Ježíš jediným Spasitelem.

Měřítko Víry

Jaký nebeský příbytek, koruna a odměna jsou pro vás připraveny v nebi? Tato kniha vám poskytne moudrost a vedení, abyste dokázali změřit svou víru, co nejlépe ji tříbit a dozrát v ní.

Peklo

Vážné poselství celému lidstvu od Boha, který si přeje, aby ani jedna duše nepropadla do hloubek pekla! Objevíte nikdy předtím nezjevený popis kruté reality dolního podsvětí a pekla.